ポケモンGOが世界経済を救う!

藤本誠之
Nobuyuki Fujimoto

牧野出版

まえがき

まいど、「相場の福の神」こと藤本誠之です。

いきなり「まいど」と言われても困るかもしれませんね。私はＳＢＩ証券投資調査部のシニアマーケットアナリストです。「相場の福の神」というのは、ラジオ番組でつけられたキャッチフレーズです。現在、年間２００社以上の上場企業の経営者と面談して、その中から今後大きく成長しそうな企業を個人投資家に紹介する仕事を行っています。

「ポケモンＧＯ」が株式市場に与えた影響は、強烈なものでした。米国でポケモンＧＯが配信され、アップストアのダウンロード数や、売上高ランキングで1位になったとのニュースが伝わってから、任天堂株が急騰しました。最初のうちは、状況がよくつかめなかったのですが、その週末に米国からさまざまな「ポケモンＧＯ」に関するニュースが伝わり、「これは単なるスマホゲームのヒットではなく、社会現象になった。これはえらいことが起こった」と感じました。

だから、7月18日の四季報オンラインの連載コラム、「祝・任天堂ストップ高！『ポケモンGO』関連銘柄はこの3つ」で、「任天堂株もさらなる上値が期待できそうです。場合によっては、市場最高値7万3200円（2007年11月）の更新も夢でないかもしれません」と書きました。おそらく、任天堂株の市場最高値更新について言及した、最初のアナリストだったでしょう。

私とポケモンの関わりは、子供がきっかけです。二男一女の3人の子供がいますが、3人とも、まさにポケモンにはまっていたのです。ほぼすべてのポケモンのゲームソフトを買い、新しい任天堂のゲーム機が出るたびに買っていたのです。3人の誕生日やクリスマスのプレゼントは、ほとんど任天堂のゲーム機とソフトだったと言っても過言ではないでしょう。その他、テレビアニメやポケモン番組を見ており、映画にもけっこう行きました。まさに私は後述するところの「ポケモン親世代」だったのです。たぶん、一つ100円程度だったポケモンの指人形を子供たちが集めており、数百体は家にあったように思います。

そのポケモンがスマホゲーム「ポケモンGO」になって世界中で社会現象となっている

ことに、興奮しました。そしてさまざまなニュースなどを見ていて、この「ポケモンGO」は、世界経済に大きく貢献すると確信しました。正直、この書籍のタイトル「ポケモンGOは世界経済を救う！」は、少し大げさな表現だとは思いますが、世界経済に与える影響は決して無視できるものでないことは明らかです。

是非この書籍を読み進めていって、いかに「ポケモンGO」が世界経済にさまざまな好影響を与えるかを確認してください。ビジネスマンにとっては、今後のビジネスのヒントが詰まっているはずです。また、個人投資家にとっては、「ポケモンGO」が株式市場に与えた影響を知ることによって、半歩先読みの株式投資を学ぶことができます。

今後の世の中を変えるべき存在となった「ポケモンGO」をじっくりと理解しましょう。

ポケモンGOが世界経済を救う！　目次

第5章 隠されたグーグルの世界戦略

第6章 ポケモンGOが株式市場に与えた影響

装丁・本文デザイン◎神長文夫＋坂入由美子

ポケモンGOが世界経済を救う!

第1章 「ポケモンGO」とは何か

1 それは20年前のゲームボーイから始まった

7月6日に配信がスタートしたアメリカやオーストラリア、ニュージーランドで大ブームを巻き起こし、日本でも7月22日に配信が開始されるやたちまちダウンロード数ランキングで1位となり、ケータイ片手にモンスターを探す人々が街にあふれて社会的現象ともなったスマホゲーム「ポケモンGO」。あまたいるポケットモンスターの中でも最も有名なピカチュウのことを知らない日本人はまずいないと思いますが、ポケモンのことはほとんど何も知らずに今回初めて「ポケモンGO」で遊んでみた大人はもとより、子供がゲーム機器で遊んでいたり、マンガや映画もありと、ポケモン世界はメディアミックス的にあらゆる展開をしてきたぶん、意外に「そもそもポケモンってなに？」という素朴な疑問を持つ人も多いのではないでしょうか。

それは約20年前に任天堂から発売されたゲームソフトに遡ります。1996年2月27日に、当時の任天堂が発売していたゲームボーイという携帯型のゲーム機器（1989年4月21日発売）のソフトの一つとして、「ポケットモンスター」の「赤」と「緑」という2つのバージョンが発売されました。ここがすべての始まりです。

当時の技術では今から想像すると極めて粗いドットのモンスターが画面に登場していま

したが、このゲームを一言で説明すれば、その画面上に登場するモンスターを捕まえて、ゲームボーイを通信ケーブルでつなげて他のプレイヤーと捕まえたモンスターを交換したり、ゲーム上で戦わせたりするというゲームです。

そういった一人で楽しむだけではなく、同じプレイヤー同士で競い合いながらモンスターを収集し、交換し、戦わせるというゲームコンセプトが当たり、この「赤と緑」は累計で822万本も売れて爆発的ヒットとなりました。この数字はゲームボーイの最高売上本数となっています。

●別バージョンを発売し、世界中で大ヒット

「集めて交換する」ということで言えば、ポケモン登場以前の1980年代にはキン肉マンの消しゴム（いわゆるキン消し）やスーパーカーの消しゴムが子供たちの間でブームになったり、アメリカやヨーロッパでも野球やサッカー選手のトレーディングカードを集めるといった遊びがありましたが、ポケモンはこの要素をゲーム機に取り入れたと言えるでしょう。そしてそれが好評となり、先の売り上げ本数が示すような爆発的ヒットにつながったわけです。ポケモンは1996年の発売以後の3年間で、赤と緑に加え、「青」や「ピカチュウ」などのバージョンを発売しており、日本だけでなく全世界で1500万本

●ポケットモンスターシリーズの出荷本数

（百万本）

発売年	ポケットモンスターシリーズ	プラットフォーム	日本	海外	海外比率
1996	赤・緑・青・ピカチュウ	GB	13.4	32.6	71%
1999	金・銀・クリスタル	GB	8.0	21.5	73%
2002	ルビー・サファイア・エメラルド	GBA	7.5	15.4	67%
2004	ファイアレッド・リーフグリーン	GBA	3.2	8.5	73%
2006	ダイヤモンド・パール・プラチナ	NDS	8.5	16.7	66%
2009	ハートゴールド・ソウルシルバー	NDS	4.0	8.8	69%
2010	ブラック・ホワイト	NDS	5.5	10.1	64%
2012	ブラック2・ホワイト2	NDS	3.1	5.5	64%
2013	X・Y	3DS	4.3	9.5	69%
2014	オメガルビー・アルファサファイア	3DS	3.0	7.0	70%

出所：各種資料を基に、みずほ証券エクイティ調査部作成

も売り上げる大ヒットとなりました。

つまり、ポケモンは90年代後半の歴史的名作ゲームだったのです。

ちなみに、ポケモンは任天堂1社によって生み出されたものではなく、開発したのはゲームフリークという会社です。また、発売元も当初は任天堂でしたが、現在は株式会社ポケモンという会社にマスターライセンスが帰属していて、ポケモン社は任天堂の32％持分法適用会社です。ゲームフリーク社もポケモン社の株主の1社です。

2 ポケモン以前の任天堂の歴史

そんなポケモンを生み出した任天堂という会社は、実は、もともとは花札・カルタ・トランプなどのメーカーでした。

最初は京都の下京区で花札の製造を行っていましたが、1947年に株式会社丸福という社名で創業、1962年に大阪証券取引所2部などに上場した翌年に現在の「任天堂」という社名に変わりますが、社名の由来が「運を天に任せる」というところから来ているそうです。日本で初めてプラスチックトランプを製造した会社でもあります。

この上場を果たした辺りから玩具の製造を始めるようになり、電子機器を取り入れた光線銃を作ったりしながら、1977年には家庭用ビデオゲーム機の開発、販売にとりかかります。そして、1980年には後のゲームの発展につながる携帯用ゲーム機の「ゲーム&ウオッチ」を販売し、その後の8年間で70機種を展開、4800万台以上を売り上げてヒットとなりました。

この80年代には「ドンキーコング」や「マリオ」といった、同社を語る上では欠かせないキャラクターが既に生み出されており、さらに1983年に東京証券取引所に上場すると、ゲーム機市場の革命ともなった、ゲームソフトウェアカートリッジ交換式ゲーム機の

「ファミリーコンピュータ」を販売、先の「マリオ」といったお馴染みのキャラクターをあやつるゲーム世界を築き上げ、日本にとどまらず世界中でファンを獲得してきたことについては言うまでもないでしょう。「スーパーマリオブラザーズ」は世界で最も売れたゲームソフトとしてギネス世界記録に認定されています。

　そして、1989年に、後にポケモンを生み出すことになる「ゲームボーイ」が登場することになります。また、翌年には据置型の「スーパーファミコン」も発売しています。

●次々と新型ゲーム機を発売し、日本のゲーム業界を支える

　以上がポケモン以前の任天堂の歴史ですが、その後の展開についても触れておけば、1996年には「NINTENDO64」を発売、現在も人気の「どうぶつの森シリーズ」は同機種のソフトとして発売されたものです。

　その後、2001年に携帯型と据置型で「ゲームボーイアドバンス」や「ニンテンドーゲームキューブ」などを発売しますが、2002年にマリオの生みの親である岩田聡氏が社長に就任し、2年後の2004年に携帯型の「ニンテンドーDS」を、2006年にはリモコン式のコントローラーを採用した据置型の「Wii」を発売。DSは日本で最も普及したゲーム機となりました。この岩田氏体制下のヒットで会社は絶好調、2009年に

は売上高1兆8386億円、営業利益5552億円の過去最高益というものすごい業績を上げますが、それからは低迷が続き、「ニンテンドー3DS」や「Wii U」を発売するも、2012年には3期連続で赤字を計上、2015年3月にはDeNAと業務、資本提携を交わし、スマートデバイス向けサービスの共同開発、運営をしていくとしています。要は、スマホ向けゲームアプリに活路を見出すということです。

こういった歴史を振り返ると任天堂という会社が日本のゲーム機を支えてきた会社であるということが分かります。ゲーム機の歴史には、セガを代表とするいくつかの会社がさまざまなゲーム機を発売してきたという経緯があるわけですが、現在、主要なゲーム機を出し続ける会社として残っているのは、「プレイステーション」のソニーと任天堂、それから、国外のマイクロソフトの「X‐BOX」くらいなものです。

DeNAとの提携を発表した2015年に、マリオやWiiを生み出した岩田氏は病気で亡くなられて社長も交代していますが、任天堂はDeNAとの提携の一方で、全く新しいゲームプラットフォームの「NX（コードネーム）」を2017年3月に発売すると発表しており、詳細は未だ不明ながら、どんな新しいゲーム機が出てくるのか、ポケモンGOとどんな連携が図られたものとなっているのかも含め、業界はおろか株式市場でも大いに注目するところとなっています。

●任天堂の販売本数1,000万本以上の過去ヒットタイトル　（単位:万本）

発売年	タイトル名	累計全世界	プラットフォーム
2006/11/19	Wii Sports	8278	Wii
1985/09/13	スーパーマリオブラザーズ	4024	Famicom/NES
2008/04/10	マリオカート Wii	3675	Wii
2009/06/25	Wii Sports Resort	3295	Wii
2006/05/15	New スーパーマリオブラザーズ	3080	DS
1984/06/06	テトリス	3026	Game Boy
2009/11/11	New スーパーマリオブラザーズ Wii	2979	Wii
1984/04/21	ダックハント	2831	Famicom/NES
2005/04/21	nintendogs	2396	DS
2005/11/14	マリオカート DS	2360	DS
2007/12/01	Wii Fit	2267	Wii
2009/10/01	Wii Fit Plus	2112	Wii
2005/05/19	東北大学未来科学技術共同研究センター 川島隆太教授監修 脳を鍛える大人のDSトレーニング	1901	DS
1989/04/21	スーパーマリオランド	1814	Game Boy
2006/09/28	ポケットモンスター　ダイヤモンド・パール	1763	DS
1988/10/23	スーパーマリオブラザーズ3	1728	Famicom/NES
2002/11/21	ポケットモンスター　ルビー・サファイア	1614	Game Boy Advance
2010/09/18	ポケットモンスター　ブラック・ホワイト	1560	DS
2005/12/29	東北大学未来科学技術共同研究センター 川島隆太教授監修 もっと脳を鍛える大人のDSトレーニング	1488	DS
2013/10/12	ポケットモンスター　X・Y	1470	3DS
2011/12/01	マリオカート7	1326	3DS
2008/01/31	大乱闘スマッシュブラザーズX	1310	Wii
2009/09/12	ポケットモンスター ハートゴールド・ソウルシルバー	1272	DS
2007/11/01	スーパーマリオギャラクシー	1269	Wii
1996/06/23	スーパーマリオ64	1191	Nintendo64
2014/11/21	ポケットモンスター オメガルビー・アルファサファイア	1184	3DS
2005/11/23	おいでよ　どうぶつの森	1175	DS

出所:各種データベースより　野村

3 ポケモンの歴史

先に示した通り、ポケモンは1996年にゲームボーイの1ソフトとして登場したわけですが、ポケモンがヒットし、これだけの認知度を得られたのは、ゲームだけにとどまらずに派生作品・商品が大量に作られたことにあると思います。それは、マンガ、アニメ、キャラクター商品、カードゲーム、アーケードゲーム……など非常に多岐にわたります。私なども3人の子供を持つ親ですが、家の中には、購入当時は100円くらいだったでしょうか、ポケモンの指人形が何百個もあります。ポケモンのゲームソフトも、ほぼすべてあり、毎年のクリスマスプレゼントや誕生日プレゼントは、ほとんどゲーム機器やゲームソフトでした。

主要メディアにおける展開をざっと見渡してみても、ゲームのポケモンが販売された1996年2月の2か月後の4月には、ゲームを原作としたコミカライズ作品（マンガ化）の「ふしぎポケモン　ピッピ」が『別冊コロコロコミック』（小学館）連載を開始し、後に、ゲームソフト名そのままの「ポケットモンスター」と改題した連載が『月刊コロコロコミック』に、同年9月から移籍連載をスタートさせています。翌1997年4月1日にテレビ東京で始まったテレビアニメで、最高視聴率で18・6%を記録、今でも続く同局の最長寿番組となっていますし、いくつもの関連番組が生まれました。映画では、東宝による配給で1998年から「ピカチュウ・ザ・ムービー」(PIKACHU THE MOVIE)がスタートし(2013年の16作まで)、2014年の17作からは、「ポケモン・ザ・ムービー◯◯」(Pokémon the movie◯◯)とシリーズタイトルを変えながら、現在も人気作品として続いています。どれだけ人気かと言えば、いずれの作品も邦画作品全体で毎年ベスト10に入るといった具合で、2015年の18作目までの合計で観客動員数が7000万人を超えるという、他には見当たらないいわゆるキラーコンテンツとなっています。

アニメは海外でも放映されて、アメリカでも大人気となりました。このポケモンというキャラクターの海外における人気ぶりには、日本人は逆に気付きにくいものです。ですが、全世界的に見ればポケモンは、スーパーマリオの次に売れたソフトですから、その認知度・人気度は、実は日本人が想像する以上のものがあります。例えば、ニューヨークの年始を祝うパレードでは必ずピカチュウの風船がアドバルーンとして飛ばされているほどです。

●ポケモンというゲームの新しさ

さて、これまでに何度も触れていて、16ページの表を見ても分かる通り、ゲームソフトのポケモンシリーズは1996年に発売された「赤と緑」から始まるわけですが、1999年には「金と銀」、2002年には「ルビーとサファイア」と、2～3年おきに必ず2種類ずつのソフトがリリースされています。それが、ゲームボーイから始まり、ゲームボーイアドバンス、ニンテンドーDS、3DSと、任天堂が発売するゲーム機に引き継がれながらリリースされ続けます。

誰が見ても分かることではありますが、本書のような経済的視点から見ると、1種類ではなく複数のバージョンのソフトを同時発売するのが、任天堂の商売の上手なところです。しかも、このゲームにハマる肝心な要素は「収集」と「交換」にあります。2種類のソフトで出てくるモンスターはほとんど同じですが、片方のバージョンにしか登場しないキャラクターもいます。さらに、なかなか手に入らない〝レアキャラ〟や、滅多に出てこない〝色違いキャラ〟などを設定することで、「収集」〝コンプリート欲〟を喚起させ、「交換」によるユーザー間のソーシャルゲーム性を高めるという戦略には舌を巻くものがあります。

ちなみに、今年の11月には3DSで最新作となる「サンとムーン（太陽と月）」の2本がリリース予定です。

こういった、続々と新種が出てくるポケモン戦略のヒントとなった面白い話があります。ポケモンを開発したのは任天堂1社でなく、ゲームフリークという会社が開発元となっているという話は既にしましたが、このゲームフリークの社長だった田尻智氏がポケモンの開発にあたって参考にしたのが、ウルトラマンシリーズだったと言われていることです。ウルトラマンシリーズの中のウルトラセブンでは、カプセル怪獣というものが出てきますが、当初は、このカプセル怪獣から着想を得て、カプセルモンスターというロールプレイングゲームの企画をしました。それが、カプセルトイのようなモンスターが通信ケーブルを行き来するという発想に変わり、最終的にはポケモンに結実したということだそうです。そこには、カプモンという名称では商標権に抵触するので、ポケモンに変化したという現実的な事情もあったようですが。

いずれにせよ、プレイヤー間による「交換」といった双方向的な概念をゲームに取り入れたポケモンは全く新しいゲームとして世間で受け入れられました。

より正確に言えば、ポケモンというゲームは、

・収集

・育成
・対戦
・交換

という4つの要素が非常に重要なゲームですが、双方向的な「交換」がないと収集の成果である「図鑑」が完成しないという、そもそもが一人では完結できないゲームでした。そこが広く受け入れられた要素だったと思います。しかも、友達と対戦もできる。だから、「こいつより強いモンスターが欲しい」という欲求も高まり、よりユーザー間でのソーシャルな欲求を高め、ある意味、キリがなく、どこまでも突き詰められる要素が付加されていたわけです。

また、先に触れたようにポケモン関連番組も多く作られ、「週刊ポケモン放送局」の後続番組である「ポケモン☆サンデー」では、芸人トリオのロバートや、アキバ系芸能人の代表格でもある〝しょこたん（中川翔子）〟などをポケモンフリークタレントとして登場させています。親しみやすかった上に、新しいソフトに関する情報がどんどん出て来るといった、同時進行性も大きな魅力であったに違いありません。このようなポケモン関連番組は、タイトルや出演者を変えつつ、今でも続いています。

以上が20年前に生まれたポケモンの歴史ですが、実はポケモン世代というのはもっととても長く、幅広いものです。

だいたい5歳くらいから中学生くらいまでが実際のゲームをプレイするとして、20年前の5歳ですから、下が25で上が35歳が「ポケモン登場世代」です。今でもポケモンは新作が登場し続けているわけですから、この登場世代を含んだ下は5歳から上は35歳までが「リアルポケモン世代」に当たります。どちらかというと男子の方が多いのかもしれませんが、リアル世代は女の子もだいたいは当たり前のようにやっていたので、特に男女を問う必要はありません。

また、小さい子供の遊びなので、親が強引にゲームソフトを買わされたり、テレビアニメを見せられたり、映画館に連れていかされたりするので、この親世代も自然とポケモンに親しむようになります。女性がだいたい20～40歳までに子供を産むとすると、20年前の20歳ですから下は40歳から上は60歳までが「リアルポケモン親世代」に当たります。私もその親世代ですね。さらに上の、孫にポケモンのゲームソフトや関連商品をせがまれて買ってやったおじいちゃんおばあちゃんの「せがまれ世代」までと考えると、ほぼ全年齢層がなにがしかでポケモンに馴染みがあると言えるのです。

●劇場版ポケットモンスターの興業収入

（単位：十億円）

公開日	タイトル名	累計全世界
1998/07/18	ミュウツーの逆襲	7.2
1999/07/17	幻のポケモン　ルギア爆誕	6.2
2000/07/08	結晶塔の帝王　ENTEI	4.9
2001/07/07	セレビィ　時を超えた遭遇	3.9
2002/07/13	水の都の護神　ラティアスとラティオス	2.7
2003/07/19	七夜の願い星　ジラーチ	4.5
2004/07/17	烈空の訪問者　デオキシス	4.4
2005/07/16	ミュウと波導の勇者　ルカリオ	4.3
2006/07/15	ポケモンレンジャーと蒼海の王子　マナフィ	3.4
2007/07/14	ディアルガVSパルキアVSダークライ	5.0
2008/07/19	ギラティナと氷空の花束　シェイミ	4.8
2009/07/18	アルセウス　超克の時空へ	4.7
2010/07/10	幻影の覇者　ゾロアーク	4.2
2011/07/16	ビクティニと黒き英雄　ゼクロム／白き英雄　レシラム	4.3
2012/07/14	キュレムVS聖剣士　ケルディオ	4.6
2013/07/13	神速のゲノセクト　ミュウツー覚醒	3.2
2014/07/19	破壊の繭とディアンシー	2.9
2015/07/18	光輪の超魔神　フーパ	2.6
2016/07/16	ボルケニオンと機巧のマギアナ	-

出所：各種資料を基に、みずほ証券エクイティ調査部作成

④ ポケモンGOの元となった位置情報ゲーム「イングレス」

ここでいったん話はポケモンから遠ざかります。

ポケモンGOは「位置情報ゲーム」というジャンルに位置づけられるゲームですが、今回、ポケモンGOのようなゲームが可能となったのも、実はその元となるようなゲームの存在があったからこそなのです。そのゲームというのが、アメリカのベンチャー企業の「ナイアンティック」（Niantic）が開発したゲームアプリの「イングレス」（Ingress）です。

ここではこのイングレスというゲームについて見てみます。

ナイアンティックは、グーグル（Google・上場会社はAlphabet）の地図サービスであるグーグルマップ（Google Maps）チームから2015年8月に独立して誕生した会社です。

そのナイアンティックが生み出したイングレスは、スマホ向けの拡張現実技術（AR・注、完全にヴァーチャルな世界を再現するVRとの対概念）を利用した位置情報ゲームです。ナイアンティックがグーグルから独立する前の2012年11月に招待制でβ版の運用が開始され、２０１３年10月に誰でも参加可能なオープンデータとなり、同年12月15日に正式運用が始まりました。最初はアンドロイド専用でしたが、２０１４年７月からｉＯＳにも対応しています。

アプリはグーグルプレイかアップストアで無料配布されており、２０１５年10月以降からはアプリ内有料アイテムの販売も始めています。

●イングレスの近未来ＳＦ世界

ゲームは基本的に陣取りゲームです。世界各地に存在する「ポータル」を所有して、ポータル同士をリンクして三角形を作るとその内側が「コントロールフィールド」と言われる自陣となります。その面積が自陣の得点となり、その合計値を敵と争うというものです。この敵というのは、プレイヤーはゲームを始めるにあたって２つのチームを選択することになりますが、この際に敵方に当たる勢力のことです。

この作品は、特にポケモンのかわいらしいキャラクターが登場する作品世界と比べた場合、とりわけアメリカ的というべきか、ＣＧ映像満載のハリウッド映画で見たことがあるような近未来のＳＦ世界での人間社会の将来を賭けた攻防戦が作品世界の背景としてあります。詳細は省きますが、アメリカ国防省が進める「ナイアンティック計画」というものに対する、賛成派と反対派の2つの勢力の攻防戦が、ゲーム内での戦闘になっているのです。この2つの勢力が、「エンライテンド（覚醒派閥）」と「レジスタンス（抵抗派閥）」で、このどちらかをプレイヤーはゲーム開始時に選択し、その派閥の「エージェント」として、自派閥の勢力拡大のために、自らのスマホを「スキャナー」として用いてポータルを探し出しながらコントロールフィールドを拡大して、勢力地を広げていくというわけです。

そしてこのゲームの最大の特徴が、ポケモンGOを体験した方であれば既に馴染みのはずですが、ゲームフィールドがグーグルマップそのものだったということです。従って、これもポケモンGOと同じですが、ポータルは現実に存在する建物やモニュメントに配置されています。そしてやはり同じく、ポータルの獲得のためには、実際にそのポータルの設置場所まで出向かなければなりません。ポータルに近づくとアイテムが入手できるのも、ポケモンGOと同じです。

●グーグルマップの責任者が開発

ナイアンティックは元はグーグルの社内ベンチャーのナイアンティック・ラボでしたが、その創業者でナイアンティック現ＣＥＯのジョン・ハンケは、グーグル副社長を務めていた人物です。そして、グーグルがグーグルマップやアースを構築するにあたっての主要メンバーでした。つまり、グーグルでマップやアースで蓄積したＧＰＳを使った位置情報の技術を構築、そして独立し、ナイアンティックを作ったという経緯となります。そのハンケが構築したＬＢＳ（Ｌｏｃａｔｉｏｎ Ｂａｓｅｄ Ｓｅｒｖｉｃｅｓ、位置情報サービス）があったからこそ開発可能だった位置情報ゲームといえます。この、バーチャルなゲーム世界が現実世界とオーバーラップするという新しい位置情報ゲームの感覚が受けて、２０１６年5月には１５００万ダウンロードを達成しています。

ところで、イングレスの場合、このポータルの位置は、プレイヤーがナイアンティックに対して自己申請できました。つまり、希望した人の希望した位置での設置を申請し、その場所の写真を送って、ナイアンティックに承認されれば自由にポータルを設置できたのです。そして、ゲーム世界でポータルが設置された場所には、リアル世界でのプレイヤーが足を運ぶことになるため、ローソンが店舗にポータルを設置するという、イングレスと提携したプロモーションを展開した例があります。地域振興として、岩手県や横須賀市などの自治体が活用したこともあります。しかし、2015年9月以降、ポータルの新規設置は一時停止状態にあります。

日本でのイングレスとの主なタイアップ一覧

・2014年11月　ローソンの約1万以上の店舗がポータル化
・2015年6月　東京三菱UFJ銀行にちなむアイテム登場。ATMや支店がポータル化
・2015年6月　ソフトバンクにちなむアイテム登場。ソフトバンクショップがポータル化
・2015年8月　伊藤園の自動販売機約2000台がポータル化
・2015年11月　大日本印刷グループの281書店がポータル化
・2016年2月　ローソンにちなむアイテム登場
・2016年4月　オートバックスセブンが運営するオートバックスがポータル化

5 エイプリルフールがきっかけ

実は、ポケモンGOが誕生したきっかけは、2014年のエイプリルフールでグーグルが行ったウソ企画でした。

グーグルでは毎年エイプリルフールに、変わった入力語バージョンを行うなどの冗談企画を行っていますが、2014年の4月1日には、グーグルマップのアプリ上に「ポケモンマスター」の求人が出されたのです。ポケモンマスターとは、あらゆるポケモンを使いこなす最強のポケモントレーナーのことです。アニメのポケットモンスターから出てきた言葉で、アニメや映画は主人公である「サトシ」がポケモンマスターに1歩1歩近づいていくというストーリーが展開されていて、ゲームのポケモンユーザーが目指すのも、このポケモン使いの達人とも言うべきポケモンマスターということになります。

グーグルが出した求人の内容は、「151体のポケモンを集めた人は、Google本社でポケモンマスターの最終選考に参加できる」というもので、この企画では「ポケモンチャレンジ」という企画も同時に行われました。実際にグーグルマップのアプリ上には151種類のポケモンが出現し、さすがにポケモンGOのように実際の場所に行く必要はありませんが、画面上のポケモンをクリックすると捕獲ができるというものです。まあ、

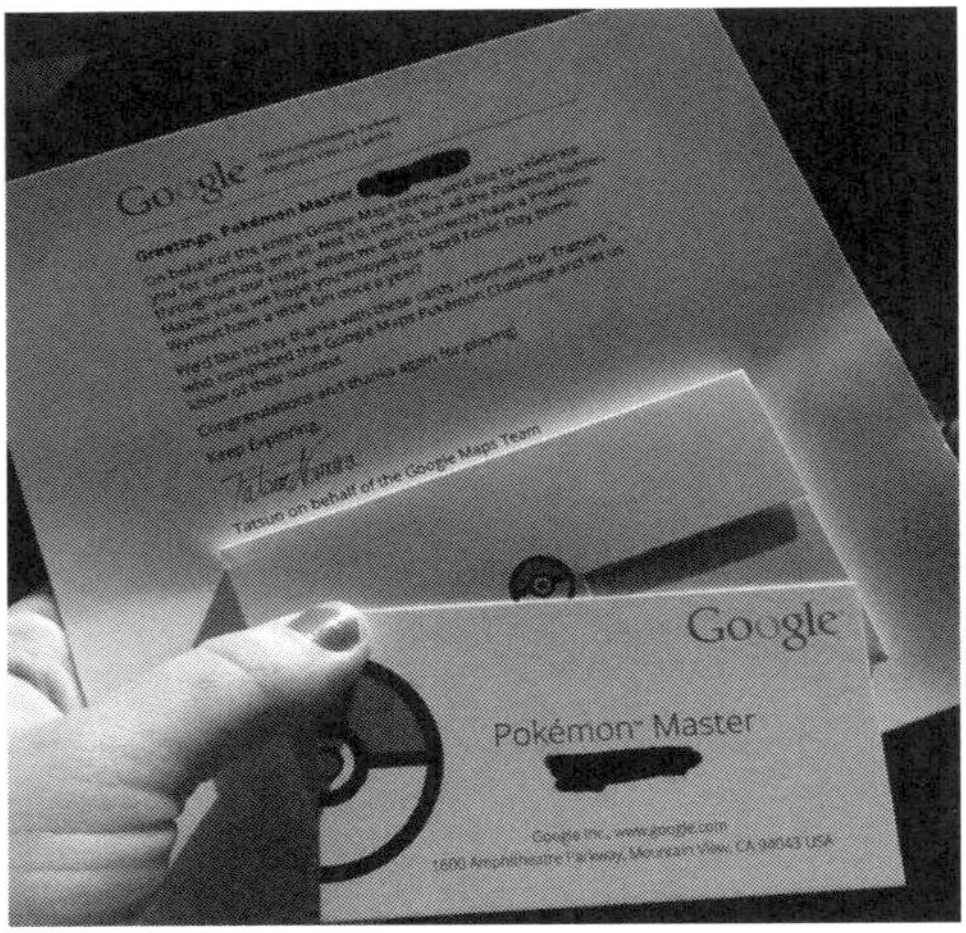

４月１日限定のちょっとしたミニゲームといったものですね。

エイプリルフールネタはどこまで本気で冗談を楽しめるかで〝粋〟の度合いが試されますが、グーグルでは「ポケモンマスター認定証」という名刺大の認定証カードを作成し、１５１体コンプリートした猛者のところには実際にそのカードが届いたようです、ネット上には届いた人の報告として、喜びの声と共に認定証の写真がアップされています。

グーグルは前年の２０１３年の４月１日には、グーグルマップ宝探しバージョンという、マップ上での宝探し企画をやっているので、もしかしたらこれがポケモン探しの発想につながったのかもしれません。

そこからポケモンＧＯの開発が始まったのだと、当の開発者であるナイアンティックＣＥＯのジョン・ハンケがアメリカの経済誌の7月10日付インタビューで語っています。

それによると、ポケモンチャレンジはグーグルがポケモン社に話しを持ちかけて実現したものだそうです。すると、「ポケモンとＧｏｏｇｌｅマップの組み合わせはチョコレートとピーナッツバターのように相性が良く」（ハンケ）、人気があったということです。

そこからナイアンティックが任天堂とポケモンにポケモンＧＯのアイデアをプレゼンして、たまたまポケモンの石原恒和ＣＥＯがイングレスのハイレベルプレイヤーだったこともあって、話が進んだといいます。

また、任天堂の岩田聡氏もこのプロジェクトを強く支持したといいます。本書前半に任天堂の歴史について触れましたが、この翌年の２０１５年には任天堂はＤｅＮＡとの提携を発表しています。スマホゲームに押され、業績が低迷気味だった任天堂としては、またとないチャレンジだったと言えるのかもしれません。ただその中で岩田氏は、極端な課金システムのゲームにはしないという方針を述べていたそうです。お金さえ積めばレアなポケモンが捕まるといった仕様を避けたかったというのです。この時に、特別な課金をしなくても誰でも楽しめるポケモンＧＯの方向性は定まりました。

6 ポケモンGOとは

●ポケモンGOの仕組みと技術的な楽しさと社会現象化した拡散理由

今更かもしれませんが、ここでポケモンGOについての説明を改めてしておかねばなりません。ポケモンGOが示したさまざまな、技術的要素、ビジネス的可能性などについては追々語っていくこととして、ここではまずは概略を説明したいと思います。

現在リリースされているポケモンGOに関しては、今後の更なるバージョンアップでの新たな設定の増加などが期待されていますが、現状で言えば、約151種類いるポケモンを街に出て捕まえて【収集】、育てて【育成】、プレイヤー同士が戦わせる【対戦】までができる仕様になっています。

まずはポケモンの収集です。新たなポケモンを捕まえることそのものが嬉しいことですし、収集した記録としての「ポケモン図鑑」が一つずつ埋まっていくことは楽しい体験です。育成や対戦はまずはポケモンを収集しないことには始まりませんし、いずれにしても、収集していくことがゲーム進行の大きなモチベーションになっています。

ポケモンGOはナイアンティックが先に開発したイングレスの形を引き継いだものであることは前に述べた通りですが、やはり収集に関してはイングレスに近いゲームの進行になっています。

イングレスでは当初、ポータルを自己申請で設置できましたが、ポケモンGOでは「ポケストップ」という形で設置場所が定められています。まずはこのポケストップに近寄り、ポケモンを捕まえるための「モンスターボール」や対戦で使用するアイテムなどを集めます。プレイヤーはこのポケストップを渡り歩きながら、ゲーム画面上に現れるヒントを手掛かりに、スマホ画面上で指をスライドさせてモンスターボールを投げては、ポケモンを捕獲していくのです。

そうして集めたポケモンは、たくさん集めることでより強いポケモンに「進化」させることができ、進化の結果がまだ捕獲していないポケモンであれば、新たな収集結果として「ポケモン図鑑」に記録されます。また、ポケストップでは3種類のポケモンの卵も入手でき、プレイヤーはそれぞれ2キロ、5キロ、10キロの距離を移動することで卵を孵化させることができます。

こうして集めて進化、あるいは「強化」させることで手持ちのポケモンを強いものに変えながら、現実世界のところどころに存在する格闘場である「ジム」で、他のプレイヤーが持つポケモンと戦わせることができます【対戦】。

以上が簡単なポケモンGOという「ゲーム」の概略です。

【収集】がこのゲーム進行の最大のモチベーションであるわけですが、このポケモンGOというゲームの一番の技術的特徴もここにあります。

まずは、LBS（位置情報サービス）に従って現実世界と同じゲーム画面上でキャラクターを移動させます。通常のゲームは室内でやるものですが、このポケモンGOは屋外へ飛び出して、「どこにポケモンがいるのかな」と、屋外を探索して歩くという楽しさもあります。

さらに、ポケモンが飛び出してくると、AR（拡張現実技術）を使って、スマホのカメラを通じて映った現実世界の中にあたかも現実に生息するポケモンが飛び出してきたかのような錯覚を抱かせ、それを実際に捕まえているかのようなバーチャルな体験の面白さが味わえます。この、ゲーム画面と現実世界が交錯した感覚が今までのゲームにはなかったものとなっており、それがヒットした大きな理由でもあります。

もちろんそこには今までも述べて来たような、広い世代に親しまれてきたポケモンとい

●ポケモンGOの仕組み

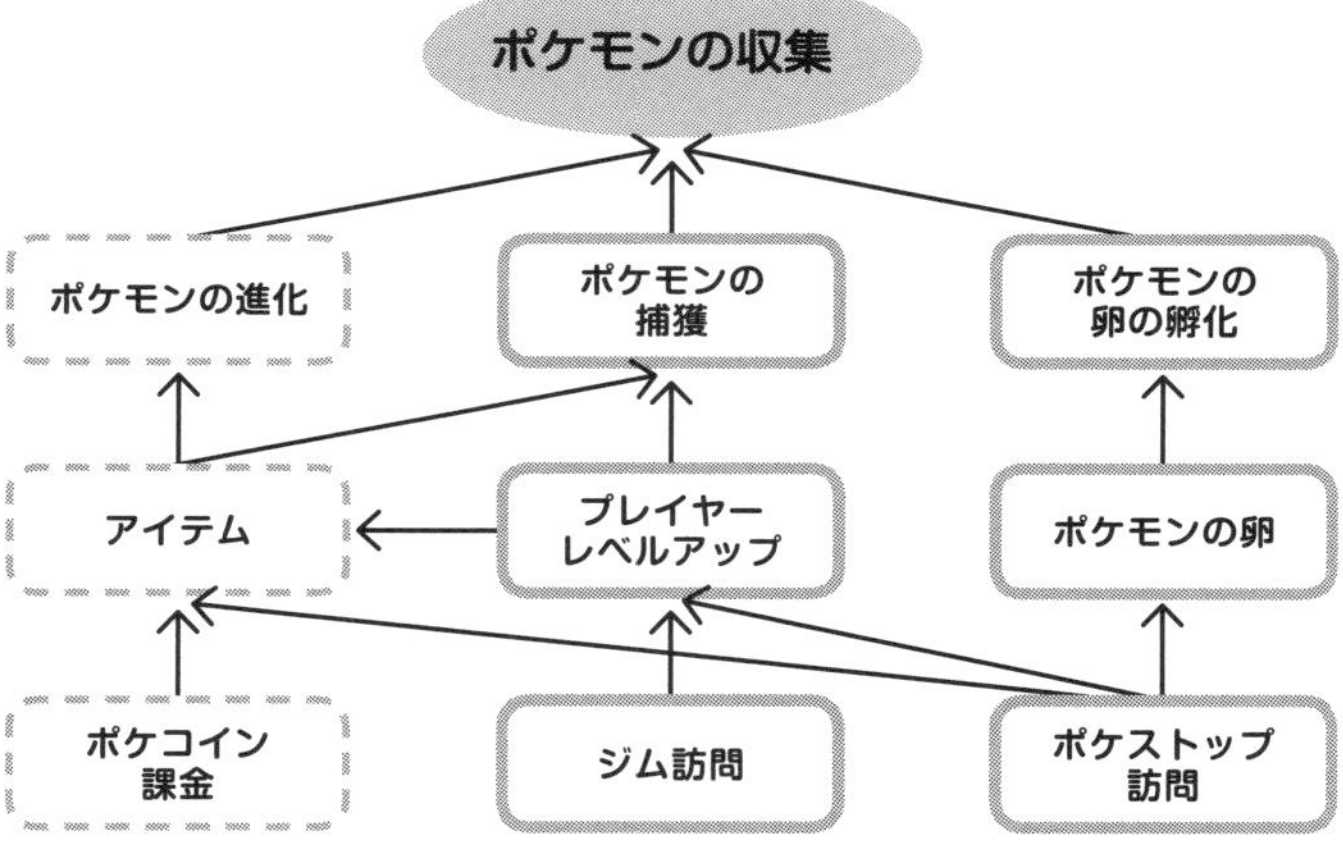

出所：みずほ証券エクイティ調査部作成

うＩＰ（ｉｎｔｅｌｌｅｃｔｕａｌ ｐｒｏｐｅｒｔｙ、知的財産）の強みがあったわけですが、じゃあポケモンならなんでもヒットするかと言えば、そうではありません。従って、ポケモンＧＯがこれだけのヒットを記録した理由としては、このＡＲとＬＢＲを使った位置情報ゲームの楽しさと、ポケモンという恵まれたＩＰの両方の側面があいまってヒットしたと言って間違いないでしょう。

●社会現象化した拡散理由

次に、ポケモンＧＯがこれだけヒットした理由を外在的な側面で見れば、これは明らかに日本より先行して配信が始まったアメリカでのヒットを受けたものです。そのアメリカでの広がり方を見てみると、ｔｗｉｔｔｅｒやｉｎｓｔａｇｒａｍ、ｆａｃｅｂｏｏｋなどによるＳＮＳでの拡散が非常に大きな役割を果たしています。

これはどういうことかと言えば、街中を歩いていてポケモンが現れたら、それを写真に撮ったり、捕まえた記念に歩いた背景をバックに自撮りをしたりして、それを皆がこぞってＳＮＳにアップしたのです。そしてその投稿が更なる投稿を呼び……といった具合で自然増殖的に認知度が高まりました。また、実際にポケモンが現れる場所には人がどんどん集まるので、「こんなところにこんな具合で人がいっぱいいるよ」といった書き込みやその場をおさめた写真や動画を投稿します。そしてまたその投稿が人を呼ぶ……といった具合です。ですから、こうしたＳＮＳの発展がなければ、たぶんここまでポケモンＧＯが流行ることはなかったでしょう。

さらに、今やＳＮＳの投稿一つがマスコミ媒体でニュースとして報じられる時代です。ＳＮＳがポケモンＧＯフィーバーで盛り上がると、テレビ、新聞、ネット媒体などがこれを報じるようになり、さらにブームが過熱化していきました。

一方で、例えばテレビで「いついつ発売」とか「いついつ配信」などといった広告が任天堂などによって打たれたということはありません。ですので、今述べたようなサイクルでの口コミで広がったものです。つまり、口コミで人が集まればさらなる人を呼ぶ。人が集まればさまざまなことが起こります。人が歩けば事件・事故も起こりますし、事実、日本で配信が始まる前からアメリカで苦笑してしまうようなものから真剣に考えざるを得ないような事件・事故まで、大小さまざまな報道が日本にも伝わってきました。崖から落ちた、プールにはまった、銃で撃たれかけた……、いろいろなものが伝わってきましたが、そういった事件・事故もやはり動画で伝わって来たところがこのブームの面白いというか、特徴でもありました。

そういったもはや社会現象と呼ぶべきものが連日日本で報道される中での日本配信スタートでしたから、もうこの段階で日本でも広まることは決まっていたようなものです。おそらくこの間の事情はどこの国でも同じだと思います。

●任天堂とポケモン社、ナイアンティック3社のコラボ

ポケモンGOはナイアンティック、任天堂、ポケモン社の共同プロジェクトです。任天堂とポケモン社が構想を練り、イングレスにおけるLBSとAR技術を持つナイアンティックが協力することで実現化したゲームです。従って、開発・配信の中心的な役割はナイアンティックが担っています。

これまでの説明と重なるところもありますが、改めてここでナイアンティックを中心とした、ポケモンGO配信までの動きをまとめると、次の通りです。

・2013年10月　ナイアンティックラブス（グーグル独立前の社内ベンチャー）がイングレスのアンドロイド版を配信開始
・2014年4月1日　グーグルのエイプリルフール企画で「ポケモン　チャレンジ2014」公開
・2014年7月　イングレスのiOS版を配信開始
・2015年8月　グーグルから独立し、ナイアンティックに社名変更
9月10日　任天堂とポケモン社とともに「ポケモンGO」の開発をすることを発表
10月20日　任天堂、ポケモン社、グーグルから2000万ドルの資金調達
・2016年2月26日　フジテレビおよび5名の投資家から500万ドルの資金調達
5月　イングレスが1500万ダウンロード突破

なお、現在のポケモンGOは基本、無料で遊べるゲームアプリですが、より効率的にポ

ケモンを収集・強化したいユーザーにはゲーム内通貨を通してアイテムを購入できる課金システムがあり、これが収入源となっています。しかし、その有料アイテムにしたところで、価格単価は一般的なスマホゲームより安く設定されており、あくまでより効率的に進めるためのものであって、必ずしも「お金さえ積めば」という課金設定はされていません。

企業活動として見た場合、当然、収益は重要な要素ですが、この低課金要素がポケモンGOが幅広い層の利用者を得られている理由でもあります。

今後については、もちろん利用者増によるアイテム課金収入は重要ですが、開発3社の企業文化から考えて、高課金化は非常に考えにくくなっています。それよりも、ポケモンを探しに実際に人が動くという移動促進効果に着目したO2O（Online to Offline、インターネットから実在店舗・ビジネスへの誘導）マーケティングへの活用がなされるのではないかと注目されています。その場合、イングレスがローソンと連携したような形や、岩手県や横須賀市が地域振興で活用したケースが想定され、収入源の一つとなると共に、ポケモンGOがO2Oマーケティングのプラットフォームとして機能するといった、あらゆる方向性へのビジネス的広がりが期待されているのです。

●Ingressの収益源

1	ゲーム内アイテム課金	ポータルハックのアイテム出力が倍増するデジタルアイテムの購入
2	スポンサー広告収入	スポンサー企業の実店舗等を陣取り合戦の起点「ポータル」等として登録
3	イベント収入	物販を含めたイベント関連収入
4	ライセンス収入	「Ingress」の物語を小説やDVDにして販売するライセンス料

出所：野村

●リリース時の完成度は10%!?

また、配信スタートから約2か月が経ち、さすがに一時の大フィーバーからはずいぶん落ち着いた感のあるポケモンGOブームですが、同ゲームの可能性はまだまだ深く秘められたままです。事実、ジョン・ハンケCEOは、現在のver0.3の時点での完成度は10％程度だと述べています。本家（任天堂発売のゲームソフトのポケモンのこと）では730いるモンスターがまだ151種しかリリースされていませんし、また、本家ポケモンでは核となっている考え方の、ポケモンの「交換」に関してはまったく実現されていないままです。

先のO2Oマーケティングのプラットフォーム化と併せて、どんな発展を果たしていくのか。その潜在力と共に大いに注目です。

⑦ 拡張現実（AR）と仮想現実（VR）

拡張現実（AR）という一般には少し耳慣れない言葉が出て来たので、ここで少しARについて技術的な補足をしておきたいと思います。

ARとは、オーグメンテッド・リアリティ（Augmented Reality）の略で、人が知覚する現実環境をコンピュータで拡張する技術のことを言います。強化現実や増強現実と言ったりもします。

ARはまた、バーチャルリアリティ（VR）の変種とも言われます。バーチャルリアリティが人工的に作られた現実感と現実を差し替えるのに対し、拡張現実は現実の一部を改変する技術です。

こう書いてもなかなか分かりにくいとは思いますが、ポケモンGOでポケモンが現れた時の画面だと言えば分かり易いでしょう。一応、ポケモンGOをしたことがない読者の方に説明するとすれば、写真のような画面のことです。

右の写真が通常のゲーム画面で、左の写真がポケモンが飛び出して来た時の画面です。通常のゲーム画面では、地図情報が３ＤＣＧ画面で表示されていますが、ポケモンが隠れている場所に行くと、画面はスマホカメラを通じて写した写真画面に変わります。そこに、飛び出してきたポケモンＣＧアニメが現れ、あたかも現実の世界にポケモンが飛び出してきたような画面に切り替わっているのが見て取れます。

●現実世界に意味を付け加える

ＡＲとはつまり、この写真画面にコンピュータ技術で作られた画像が現れることで、スマホカメラを通じて人間が知覚する現実環境に、ＣＧアニメが付加され、現実が拡張されているわけです。強化現実とか増強現実という言葉が当てられているのも、現実に更なる情報が付加されたことで強化や増強されているからです。

ARは現実世界にデジタル情報を重ね合わせるので、現実の世界でデジタル情報を引き出すための「トリガー」が必要です。それは2Dの画像を認識して情報を重ねる画像認識のARや、GPSを利用した位置情報から認識するARであったりしますが、ポケモンGOの場合はGPSによるバーチャルなCG画面がある場所・タイミングで写真画面に切り替わるので、基本的にはGPS後者の方式と言えると思います。

●ARが広げるゲームの可能性

以前はARは一部の研究者や技術者の間でしか知られていない言葉でしたが、カーナビやスマホ・タブレットのような携帯端末が普及する中で俄然注目が高まってきてはいました。そして実際、カーナビに映る道路の位置情報に、建物や店の情報がタグ付けされて表示されたり、スマホカメラを通して街並みを写すと、そこに映ったお店の情報が画面上に表示されるなどで実用化が進んでいました。

スマホゲームの世界ではARよりVRにリソースが集中する傾向にありました。しかし、今回のポケモンGOの成功で、ゲーム各社の開発の可能性を広げたと言えるでしょう。

ちなみにゲームとＶＲということで言えば、今年中に大きな動きがあります。10月13日にソニーからプレイステーションＶＲ（ＰＳＶＲ）が発売されるからです。先行予約は既に始まっており、各地で完売するなど、予約困難な状態になっています。対応ゲームソフトでも、「ファイナルファンタジー」や「グランツーリスモ」、「バイオハザード」などの人気ソフトのＶＲ版があり、大きな期待が寄せられています。

8 ポケモンGO配信後、最初の大きな展開――ポケモンGOプラス

任天堂では当初、ポケモンGOに対応したウェアラブルデバイスの「ポケモンGOプラス」の販売を7月29日に予定していましたが、発売直前の27日に9月へ延期すると発表しました。そのプラスも、9月中にいよいよ発売となります。

これがどんなものかについては、本書執筆時点では任天堂が発表している内容しか分からず、極めて情報が限られています。しかし、発表している内容によれば、価格は税抜き3500円、提供された写真を見ると、モンスターボールをかたどったデバイス本体に青・赤・白の配色による布製のバンドがつながれ、手首に装着できるようになっています。メインカラーの他、色違いのものもあるようです。また、バンドと本体は脱着可能で、本体部分だけをバッヂのようにポケットなどに挟んで装着することも可能だそうです。

その機能や使い方は公式サイトではこう説明されています。

プラスはスマホやタブレットとBluetooth接続をすることで、より近くにいるポケモンの情報をランプの光と振動で伝えてくれます。LEDの光り方には種類があるようで、まずポケモンが近くにいる場合には、真ん中のランプが緑色に発色して振動します。そして、この緑色に発光している状態で真ん中のボタンを押すと、モンスターボール

を投げてくれます。ボールを投げた結果、ポケモンを捕まえてくれたかどうかについては、白色に光った後に虹色に光れば捕まえた証拠、赤色に光ったら捕まえるのに失敗してしまったという印となります。

また、ポケストップに近づいたらやはり光と振動で知らせてくれるので、ボタンを押せば自動でモンスターボールや卵などのアイテムをゲットしてくれます。

さらに、スマホがスリープ状態の間にプラスで行ったことはポケモンGOの中の行動記録である「ぼうけんノート」で確認することができます。どのポケモンを何匹捕まえ、どのポケモンに逃げられてしまったか、どんな道具を手に入れたかといった情報を一覧として確認することが可能です。

発売延期の理由としては、「準備に遅れが生じておりますため」としか書かれていないので、どんな遅れなのかは想像するしかありませんが、あまりに予想外の大ヒットとなったため、生産ロットが追いつかない状態になってしまったのではないでしょうか。

●ゲーム以外の使用も期待される

発売前なので実物がどういった機能を果たすかについては発表されている事実から想像してみる他ありませんが、購入のメリットとしては、「歩きスマホの事故が減る」、「つね

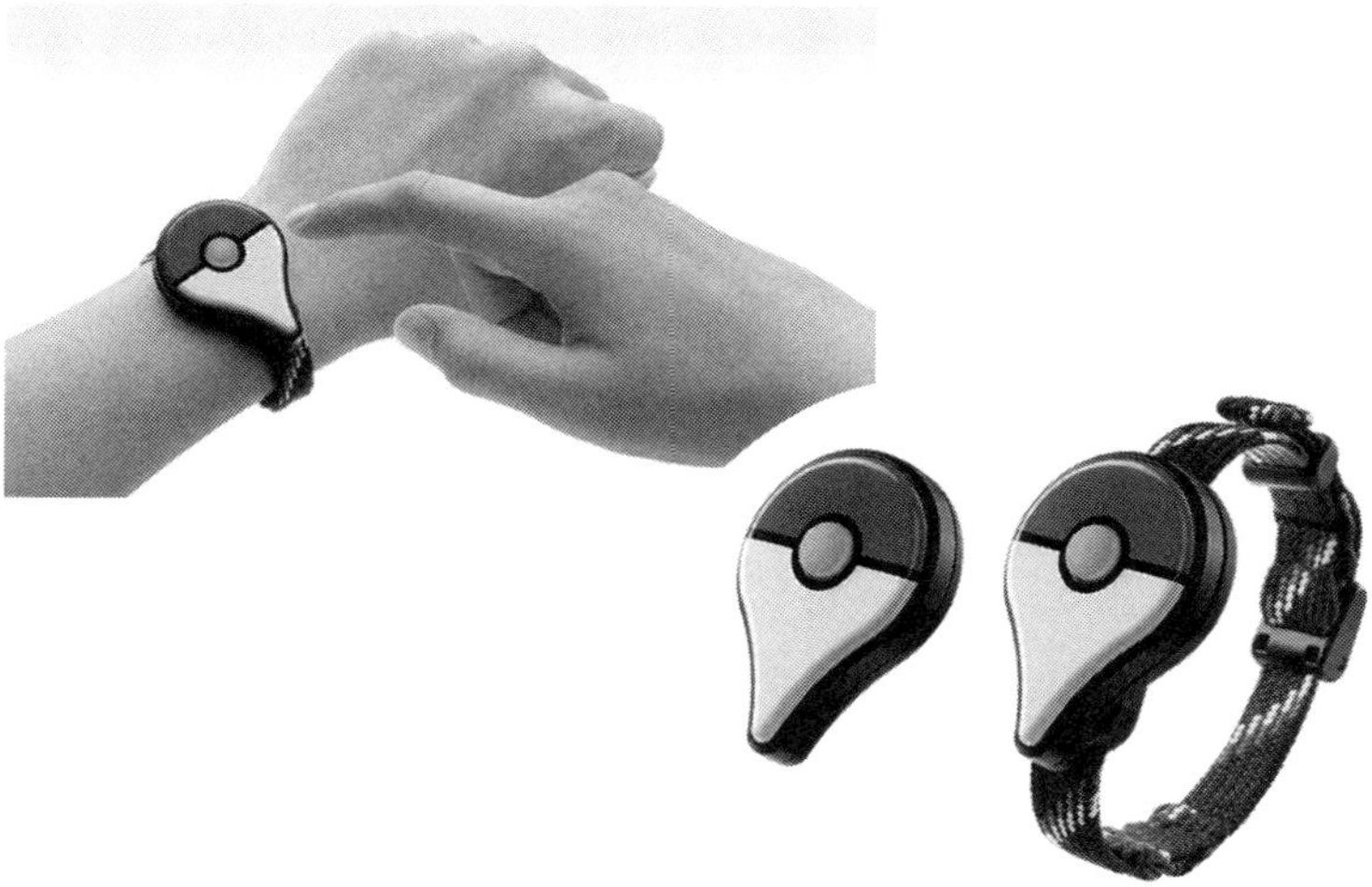

にスマホを握り続けるという手間が大幅に省け、スマホの電池切れ問題が解消される」、「ゲームの効率が大幅に上がる」、「今後、ポケモンがバージョンアップされる度に使い道が広がる可能性がある」、といったことが挙げられるのではないでしょうか。

一方、デメリットというか難点としては、正直言って子供っぽいデザインのため大人が持つにはだいぶ恥ずかしいという点があります。

価格としては決して高いものではありませんし、今までポケモンGOをプレイする上で誰もが感じていたであろうプレイ上の難点は、プラスを持つことで飛躍的に改善されることになるでしょう。また、マーケットは全

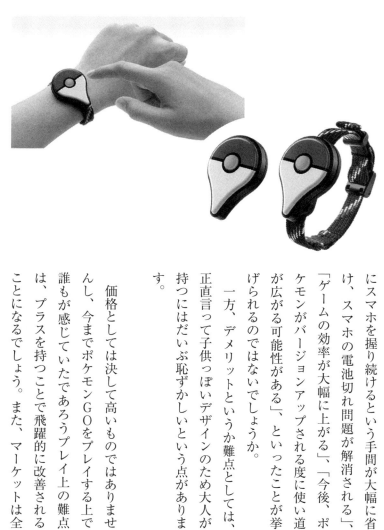

世界が対象なので、仮に数百万～数千万台売れたとします。すると、Ｂｌｕｅｔｏｏｔｈでスマホと連動しているわけですから、これまでで一番売れたウェアラブル端末になるのは必至と思われます。とすれば、最初はゲームのみでしか使わないかもしれませんが、ポケモンＧＯ自体がさまざまな潜在的可能性を持っているのと同様、このデバイスのゲーム外使用の可能性も十分に考えられ、将来的には恐るべき可能性を秘めた端末が誕生したと言うことも可能だと思われます。

また、難点であるデザインの問題も、逆に改善のしようはいくらでもあると言うことも可能です。例えば大人向けのもっと落ち着いたものや、高級感あふれてデザイン性に優れたものの販売などです。さらにはまたその中でもいくつものバージョンを作って売り出すなどし、単なるゲームのためのデバイスではない、ファッションとして展開することも可能かもしれません。

9 ポケモンという世界で通用するＩＰ（知的財産）

ＩＰビジネスとして考えた場合、ポケモンの一番の優位点は数がいるということでしょう。ピカチュウでも他のポケモンでも、いっぱいいるということが大きいです。現時点でのポケモンＧＯだけでも１５１種類、過去に出たものでも７３０種類ほどいるので、非常に蓄積が大きいものとなっています。この点が他のキャラクターとは全然違います。

他でこんな性質を持つＩＰは「ドラゴンクエスト（ドラクエ）」以外ないのではないでしょうか。ドラクエも同じくモンスターの種類がたくさんいて、例えば捕まえたスライムを戦わせたりしています。スピンオフ作品である「ドラゴンクエストモンスターズ」などは、人間が主役ではなく、ドラクエシリーズで敵として出てきたモンスターが逆に主役になって、他のモンスターを捕まえながらパーティーを組んで冒険をするような構成になっています。この辺りは非常によく似ていると思います。

アニメやマンガの有名なキャラクターで言えば、例えば「ドラえもん」でどうかと考えてみれば、ドラえもんがたくさん出てくるのもおかしいし、それこそのび太やスネ夫、ジャイアンがたくさん出てきたらおかしいですよね。それに、キャラクターの数があと数人くらいしか思いつきません。

ポケモンGOのような捕まえて歩くという設定で考えた場合だと、やはりドラクエ以外あまり思いつきません。他の設定としては、例えばクイズでゲームを進めていくというのもあると思います。どこかに行けばドラえもんが出てきて、その地域・場所に即したクイズを出してきたり、ちょっとしたミニゲームがあったり。ただこれだといわゆる普通のゲームになってしまうと思います。特にドラえもんである必要はないですよね。

他の優位点でも、まずは20年前から存在しているので、非常に幅広い層に人気があるということ。これは「ポケモンの歴史」のところでも触れましたが、ポケモンに引っかからない世代というのは逆にあまりいないくらいです。それから、人種の問題もありません。あくまで位置情報ゲームの範囲内で考えた場合、ドラえもんは日本国内ではもちろん展開次第によって可能なのでしょうが、海外ではちょっと考えにくい。日本から来たマンガとして輸出はできるかもしれませんが、外国の街中でのび太やジャイアン、スネ夫、しずかちゃんが出て来るというのはどう考えても不自然です。やはり人間が主のＩＰは考えにくいですね。

そういう意味で言えば、最近の子供に受けているＩＰで「妖怪ウォッチ」も考えられますが、妖怪ウォッチは日本だけのものです。概念が違ってしまうんですね。そして、海外展開はできないものです。何故かと言えば、あくまで「妖怪」だからです。海外だとゴーストになってしまって、ちょっと意味合いが異なってくる。海外でやろうと思ったら、「ゴーストウォッチ」と名前を変えないといけませんし、出てくる妖怪もゾンビであったりジェイソンみたいなものであったり。そうなるともう全く別物です。同じことは、「ゲゲゲの鬼太郎」でも言えることです。

そう考えてみると、ポケモンＧＯと同様の展開ができるＩＰとしては、「ドラゴンボール」。同じ展開は難しいですが、認知度・幅広さといったＩＰとしての価値で考えれば、「ファイナルファンタジー」や「ワンピース」といった辺りでしょうか。

●5 to 95（5歳から95歳まで）

あとは、なんと言ってもやはりピカチュウという存在は大きいと思います。そしてこういうキャラクターを生み出し得たのも、任天堂の企業文化があればこそと言えるのかもしれません。例えば、ポケモンＧＯを生み出した存在の一人でありながら、ポケモンＧＯがリリースされる前に亡くなられてしまった任天堂岩田前社長ですが、元社員は岩田氏について こう言っています。

「岩田さんはゲームについて狭く考える必要はないといっていました。それよりも、ソーシャルな考え方を重視し、社内では常に5to95（5歳から95歳まで）をことあるごとに伝えていて、ゲーム人口の拡大のためには何をすべきかを常に考えている人でした」

この発言に見られるように、任天堂は娯楽というものをまず考え、そこにソフトとハードをどう落とし込むかというゲーム作りをしてきたように思います。例えば、マリオは岩田氏が生み出したものですが、そのマリオは時には人間の代わりになって車を運転していますし、wiiの「スーパーマリオブラザーズwii」はやはりマリオが人間代わりになって動いてくれます。このゲームでは4人同時プレイが可能となっており、ゲームのキャッチコピーは、「ひとりでも、みんなでも」です。この「みんな」には、当然子供だけでなく大人も含まれます。また、wiiは大人でもプレイ可能なゲーム作りでしたし、これもよく売れた「東北大学　未来科学学術共同研究センター　川島隆太教授監修　脳を鍛える大人のDSトレーニング」に至っては、「大人の」とさえ銘打っています。

こういったゲーム作りを振り返っても、ゲームについて狭い考え方はしていませんし、そこではゲーム人口の拡大やゲームを通じたソーシャルなつながりといったものが念頭に置かれていたように思われます。だから、マリオだとかピカチュウといった、全世界的に愛されるIPキャラクターが生み出せたということではないでしょうか。

コラム

上場企業社長が語るポケモンGO ①

モバイルファクトリー 宮嶌裕二社長

スマホとガラケー向け携帯ゲームや着メロの開発・配信を行う。ポケモンGOと同じ位置情報連動型ゲームに注力している。

ポケモンGOがこれだけヒットしたのはポケモンというIPを使ったことが大きいでしょう。ゲームの中身はイングレスですが、イングレスはマニアック過ぎでした。現在は、トップクラスのゲーム会社が驚いて情報収集をしている段階でしょう。自分たちのフィールドに急に黒船が来たわけですから。自らのラインナップには、RPGやシミュレーション、アクション、パズルはあっても位置ゲームはなかった。そこに位置ゲームで圧倒的なユーザー数と売り上げを出されちゃったので、本当に驚いているところでしょう。配信が始まって2週間で、連結ベースで相当な影響が出ているはずです。ポートフォリオの一環として位置ゲームに挑戦するのは自然な流れでしょう。

◇

しかし、彼らは位置ゲームの開発はやったことがないので、そもそも位置ゲームとは何なのかというところから始まって、彼らが抱く理想と位置ゲームでどんなものが考えられるのか、頭をひねっているところでしょう。ところが弊社は位置情報ゲームを主力でやってきましたから、そのあたりは熟知しています。ゲーム会社には、ゲームの開発に必ず外部の会社を使うというタイプと、必ず内部で作るタイプ、ハイブリッド型で行うタイプがありますが、外部に頼んで作る場合、弊社は候補として上がりやすいでしょう。国内ではポケモンGOに続く2番目の会社になりますから。多分、半年から1年後には各社から位置情報ゲームがたくさん出てくるでしょう。

◇

ポケモンGOで会社が受ける影響は、短期的にはマイナスの影響もあります。ポケモンGOというサービスが圧倒的に可処分時間を持っていくものですから。ただそれは、どんなエンタメも同じです。ゲームだけでなく、ニュースサービスなども同じで、あらゆる可処分時間を消費するものはお客を取られているでしょうね。短期的にはそういった影響はありますが、予想以上の落ち込みはなかったですし、もっと長く見れば一方で位置ゲーム開発会社として引き合いもありますから、好影響の方が大きいですね。どこかの企業と組んでやることによる期待値が圧倒的に大きく、とてつもない成長が見込めるチャンスかもしれないと捉えています。

◇

実際に遊んでみて思ったのは、ハードに課金を煽るところがないということ。それで売り上げ一位になったので、どれだけの人が遊んでいるんだろうと。インストール数が多いのが一番の原因なんでしょうが、DAU（継続率）も高いのでしょう。結果、課金をする人がたくさんいる。モンストのDAUの4倍ですから、日本で圧倒的に遊ばれているゲームでしょうね。一般的に位置情報ゲームは他のゲームと比べてDAUが高くなる性質のものです。移動しないと遊べないですから、始めるにあたってのハードルが高い。ところが、一度始めたらDAUは高くなるんですね。ゲームを続けることでライフログに残りますから、それが楽しくなる。ポケモンGOは最初のハードル段階をクリアーしていますから、そこは大きいと思います。ニュースにまでなったおかげで誰もがとりあえずはダウンロードして遊んでみたわけですからね。

◇

それから最初に遊んだ感覚では、「これはWiiだな」って思いました。Wiiが出た時はニュースにもなったように、今までゲームで遊んだことがない人もこれを購入しました。ゲーム目当てではなくて、運動目当てで買った人が多かったんですね。それはポケモンGOでも同じです。もちろん、ゲームのヘビーユーザーもポケモンGOはやっているでしょうし、普段はゲームをしない人もポケモンGOで遊んだんです。さすが任天堂さんと思いましたね。「また任天堂がゲームのユーザーを広げてくれた」って。

ゲーム業界は業界としては成熟していたのでユーザー数は増えない状況にあったんです。どんなにテレビCMを打ってもなかなか遊んでくれなかった。そこに、ゲームをしない人にさえユーザーの幅を広げてくれた。それが位置ゲームだったわけですから、弊社にとっては本当にラッキーでした。

◇

あとこれは絶対に言っておかなければいけないことなんですが、ポケモンGOがなぜこんなに流行ったのかです。もちろんポケモンというIPの力が大きかったのですが、それ以外になぜ継続率が高いのかと言えば、それはポケモンGOは体験型エンターテイメントだからです。

例えばスマホゲームのジャンルに区切れば一つのゲームでしかありませんが、可処分時間を何に使うかという観点で見れば、映画や遊園地に行くのと同じような性質のものだということです。スマホゲームは主目的でやるものではなく、空いた時間にやる隙間を埋めるものでした。ところが、位置ゲームは違う。気合を入れないと遊べない。一つの文化やレジャーのようなもので、やるのはハードルが高いものなんです。逆に言えば、だからこそポケモンGOは社会現象にもなったんです。今、世の中ではコンサートのライブビジネスが流行っています。デジタルでいくらでも聞けるのにお客さんはあえてライブに行っています。それは生の体験が大事だからです。やはり、スマホゲームという小さい中で勝負したのでは、外に出て見つける生の体験にはかないません。ポケモンGOが流行ったのも、その外に出てプレイした時の生の体験が新しくて刺激的だったからです。ゲームの範疇にはそもそもなくて、もっと上位の、文化やレジャーといったものだったんです。だからゲームをやらない人も、世間でニュースになったこともあってたまたまやったんですね。そうしたら口コミしたくなるようなものだったから、さらに流行ったというわけです。

第2章 スマホゲームと位置情報ゲーム

1 ゲームの歴史

ポケモンGOというゲームは、ナイアンティックが先行して開発したイングレスの「位置情報ゲーム」の要素に、「AR（拡張現実）」という技術が組み合わされ、それがポケモンという「IP（知的財産）」世界観の中で展開されたものだということは既にお話ししました。そして、ポケモンというIP、ARという新技術についても既にご説明した通りです。

ここでは残りの「位置情報ゲーム」についてもう少し見てみたいと思います。しかしその前に、ポケモンGOが登場するまでの日本の携帯電話ゲームの歴史についてざっと見渡しておきましょう。

●世界初の携帯ゲームはテトリス

携帯電話ゲームはウェブブラウザを使った「ブラウザゲーム」と、アプリケーションを使った「アプリゲーム」の2つに大別されます。

世界初の携帯電話ゲームは、1994年に発売された携帯電話に搭載された「テトリス」と言われています。これは流行った記憶を持つ方も多いのではないでしょうか。

一方、日本初の携帯電話ゲームは1997年にバンダイから発売された、PHS搭載「たまごっち」の「たまぴっち」とされています。PHSにたまごっち。この辺りは日進月歩の携帯電話の歴史とも重なってくるので、懐かしさを感じさせます。

この頃はまだ携帯電話でのウェブ閲覧ができない時代だったので、携帯電話各社の機種別にさまざまなゲームが搭載されているという時代でした。それが、1999年に携帯電話でウェブ閲覧ができるようになり、今につながるようないわゆる「携帯電話ゲーム」が登場し始めます。

●ウェブ閲覧で大きく様変わり

携帯でウェブ閲覧ができるようになると、携帯電話ゲームの主流は「ソーシャルゲーム」に移っていきました。ソーシャルゲームとは、SNS上で提供されるゲームで、ブラウザゲームに分類されるものです。ブラウザでネットにアクセスして、SNSアカウントを入れるだけで利用できるようなものです。

これを主にやっていたのがGREEとDeNAのモバゲーです。

2007年にグリーが「釣り★スタ」をヒットさせます。2009年にはDeNAが運営するモバゲータウン（現、モバゲー）が提供を開始した「怪盗ロワイヤル」が他のユーザーとの対戦要素を取り入れたことで大ヒットしました。このヒットが元で日本のソーシャルゲームが発展し始めたといっても過言ではありません。２００９年にはミクシィがサービスを開始し、パソコン向けですが「サンシャイン牧場」が参加者２００万人を超えるなど、ソーシャルゲーム定着に寄与します。

この後、スマホが普及し、２０１２年にガンホー・オンライン・エンターテイメントが「パズル&ドラゴンズ」（パズドラ）を出しますが、これはいわゆるスマホアプリで、ＳＮＳプラットフォームを通さずにアップストアやグーグルプレイから直接配信するネイティブアプリがスマホゲームの中で台頭するようになります。これは、ウェブブラウザではネイティブアプリに比べて機能面で劣る点もある上に、海外ではネイティブアプリが圧倒的に普及していたということがあります。

それは例えば、ＬＩＮＥゲームが非常に普及していることを見ても明らかでしょう。ＬＩＮＥゲームで有名なものと言えば、「ディズニー　ツムツム」が思いつくと思います。

2 位置情報ゲームって何？

日本のスマホゲームには、カード型、パズル型、ＲＰＧ型、アクション型など、いくつかのパターンがあります。このようにいくつかの型がデファクトのように存在しています。そして、いくつかの型がある中に、ポケモンＧＯのような「位置情報ゲーム」という型というかジャンルのようなものがありました。

携帯電話で行う位置情報ゲームですから、携帯電話の位置登録情報として基地局からの位置情報を利用するものとＧＰＳを使うものとありますが、ほとんどは双方に対応するように作られています。ちなみに、これを略した「位置ゲー」は、コロプラの商標となっています。

位置情報ゲームという区分けは、携帯電話の位置情報を使ったゲームというざっくりとした区分けなので、カード型やパズル型といった、ゲームの中身の区分けではないので、位置情報ゲームのゲーム進行はさまざまなものがあります。単なるスタンプラリー的なものから、地域の情報を利用するアイテム・データ収集、移動距離によってキャラクターが成長したり都市が大きくなったりするシミュレーション的なもの、また、これらの要素が混ざりあったものまで、その幅は広いです。

●導入が難しく、マニアック

歴史的に言えば、2000年に当時のJ-フォンで位置情報サービスの「ステーション」が始まった際に公開されたものが日本で最初のものとされています。2008年には地図情報サービスのマピオンが「ケータイ国盗り合戦」を発表し、ホンダやソネットが参入するなどして、100万人ユーザーを獲得しています。

この辺りの歴史を振り返ると、ゲームとは無縁とも思える他業種企業が参入していたりして、情報産業に革命が起こりつつある中、位置情報というものがゲームとはいえ、ビジネスユース的に期待されていたような気配をうかがわせるものがあります。

ですが、その後にリリースされたゲームを見ても、あまりこれといったものは見当たりません。「城」とか「国」がつくゲームが多く、ちょっと中身までは分かりませんが、どうしても思いつく内容が一緒で、だいたい似たり寄ったりの内容だったのではないでしょうか。その中で比較的有名なのはコロプラがリリースした「コロニーな生活」でしょうか。ゲーム内容は、移動すると手に入る「プラ」という仮想通貨を使ってコロニーを拡張させるという、位置情報を利用したシミュレーションゲームとなっています。

ポケモンGOもそうですが、位置情報ゲームに関しては、やはり移動することが重要になってきます。なので、ゲーム進行が大変です。また、その移動が記録されるので、日記のような記録性があります。ですが、日記も三日坊主でなかなか続けることができないのと同じように、やり始めるにはハードルが高いゲームジャンルなんですね。家にいてもゲームは進められませんし。ところが、一度始めたら習慣になるので、ライフタイムバリューは非常に長く、継続率も高いようです。従って業界では、「導入が難しく、マニアックな人はやるけど普通の人はやらないゲーム」というような見方をされていました。コロプラの「位置ゲー」は今でもプラットフォームに残ってはいますが、「白猫プロジェクト」のような「ガチャ」のある典型的なスマホゲームの方に移行したのはそういった理由があったからでしょう。

●数少ない位置情報ゲーム

上場企業として唯一このゲームジャンルで頑張っているのは、「モバイルファクトリー」だけです。

同社の位置ゲーの最たるものは「ステーションメモリーズ！」（通称・駅メモ！）です。これは、モバイルファクトリーが開発、フジテレビが配信、コロプラのプラットフォームで提供されています。ゲーム内容としては、「でんこ」と呼ばれる萌えキャラクターの女の子のカードを集めながら、実際に全国の鉄道駅を回りながら、獲得駅を他のプレイヤーと競うという、カード集めと陣取り合戦を複合したものとなっています。２０１４年からの発売で、日本で一番売れた位置情報ゲームです。

そしてこの前年の２０１３年にはナイアンティックからイングレスがリリースされています。偶然なのかもしれませんが、この前後が位置情報ゲームのエポックメーキングと言えるかもしれません。

ですが、この両者を比較すると、同じ位置情報ゲームでも、向いているターゲット層は真逆なものです。イングレスは前にご説明したように、そのゲーム世界は近未来ＳＦの世界で非常に難解。最近の言葉でいう、いわゆる「意識高い系」ですね。一方の駅メモ！は「萌え」要素が多く、いわゆるアキバ系の「鉄っちゃん」（鉄道オタク）向けです。とても分かり易い。

●大きかったポケモンというIP

位置情報ゲームは、「実際に行く」というのが重要なので、これまで旅行会社や観光地、交通機関との連携が可能というのが一つの売りとしてあり、事実、そういった連携も行われていますが、これといった成功例は生まれてはいません。モバイルファクトリーは上場までした企業ですから、もちろんそれだけの収益はありますが、その幅は同業他社に比べて分厚いものではありません。ナイアンティックも、イングレスのダウンロード数が1400万以上あっても収益につながっているわけではありません。

つまり、位置情報ゲームは可能性については期待されつつも、どうしてもゲームジャンルの中では日陰者でしかないという側面がありました。ところが、同じ位置情報ゲームでもポケモンGOは爆発的なヒットとなりました。やはりポケモンというIPのポテンシャルがそれだけ大きかったということだと思います。

コラム

上場企業社長が語るポケモンGO ②

マイネット 上原 仁社長

ゲーム事業者から買収や協業で取得したスマホゲームを再生・運営。
ゲームを手掛ける事業者間での相互送客ネットワークも展開。

ゲーム市場を広げてくれたという感覚が本当に強いですね。広げてはくれたんですが、当社のユーザーの動向を見ても、お客さんを持っていかれたという数字は出ていません。ミクシィさんも決算発表で影響は軽微と言っていたように、既存ゲームへの影響はありません。と言うことは、これまであったスマホゲーム市場の9000億に、ポケモン単体でなく位置情報ゲームで開かれるであろうざっと1000億円以上の市場を積んでくれた状態です。

世間ではスマホゲームの時間が食われると言われていますが、食われているのはスマホゲームの時間でなく別の時間でしょう。移動時間やカラオケをする時間なんだと思います。スマホに使う時間が24時間のうちの3時間くらいと言われていますが、それを3時間30分にしてくれたといった感じでしょうか。

◇

ポケモンGOは一応ゲームですから、そこで消費されるものはゲーム消費ではあるんですが、ポケモンGOをゲームだけのカテゴリーで捉えると事の本質を見誤ります。ゲームより広いカテゴリーのデジタルコンテンツ消費あるいはデジタル世界消費と考えるべきです。

ゲームユーザーは目の前のスマホの中に消費しているのではなく、ゲームをやっている頭の中のバーチャルな空間で消費をしています。ポケモンGOでしたら、頭の中にいるポケモンが実際に出てくるといったその感覚ですね。ただこのゲームでは、その出てくる場所が現実の位置と連動しているわけですが、いずれにしても、その感覚に消費をしているんです。そういった考え方をすれば実情と合います。「画面の向こう側消費」なんです。少なくとも国内のスマホゲーム消費はほぼこういった考え方で成り立っています。その伸びしろを広げてくれたわけです。

そしてその伸びしろはポケモンGOで終わりなのではなく、その次の人を動かすITやテクノロジーの刺激が入った場合もっと広がるようなもの。今回のポケモンGOが起こした現象は、そういうものだと捉えるのが合っていると思います。

◇

ポケモンGOは「イングレス」を元にして作られました。イングレスは位置情報を使ったARとして非常に良くできたテクノロジーを持っています。現実の世界にイングレス世界観を被せて、皆がプレイするわけですね。ポケモンもその発想は同じです。ですから、イングレスというテクノロジーとARの世界観作りがあって、今回はそこにポケモンというとてつもなく人を動かせるIPが乗ったということです。

そうして位置情報ゲームという門戸が切り開かれたので、今後は他社が追随していろいろなものが入ってくるのでしょうけれど、ポケモンほどのIPは他にはありません。ですから、新しい門戸は開いたんだけれども、ポケモンGOを超えるものは出ないのではないでしょうか。

というのも、スマホゲームでの発明はなんでもそうなんですが、最初に開発されたものが結局は最後までトップなんですよ。ソーシャルゲームで「怪盗ロワイヤル」が出て来て、その後同じような発想のゲームがいろいろ出ましたが、「怪盗」を抜くものは現れませんでした。その後、コナミさんが「ドラゴンコレクション」という、ガチャ合成モデルのものを出しましたが、類似品が出ても結局は「ドラコレ」が一番のままでした。次に「パズドラ」が出て、やはり同じ。マルチプレイ方式を作った「モンスト」でも事情は同じです。そして今回がポケモンGOなわけです。ポケモンGOの第2段のようなものは出るが、ポケモンGOを超えるものは出ないでしょう。

ただし、今回任天堂さんがあえてやらなかったことも多いので、そこのところを広げてくる他のソフトがリリースされて、ビジネス的にはおそらく成功するでしょう。例えば、ポケモンGOの世界にガチャ合成方式を導入するといったような。ポケモンGOのように直接的に課金につながるようなゲーム設定をしていないのはいかにも任天堂さんらしく、さすがだと思います。我々が常にこうありたいと思う素敵なビジネスモデルです。

その代わり、ポケモンGOでは歩くことが重要な設定になっていますが、逆にこれが足かせとなって継続率を崩すと思います。新たな分野を発明して門戸を切り開いてくれたというインパクトを与えてくれたものの、これが半年後に同じ熱量を保っていることは決してないでしょう。

任天堂がポケモンIPだからしないと決めたところが3～5倍分くらいあって、他のIPでそれをやる人が次々と出てくるでしょう。そこでのテコ入れがどうなされるか。まずはトレード概念ですね。また、ソーシャルなあり方を注入するだけで何倍も膨れ上がるはずです。ナイアンティックにしても、テックでクールであることを頭に運営している会社です。これが例えばDeNAさんなら見事なまでにスマホソーシャルゲーム文

◇

脈のゲーム性の向上をしていくのでしょうが、そういう運営のノウハウをナイアンティックはたぶん持ち合わせていないので、どういう風にしてくるか。もちろん期待以上のことをしてくるかもしれないですが。日本のゲーム運営能力は尋常でないくらいに高い。日本人じゃない人が運営しているので、ゲーム性の幅はそれほど期待しない方がいいかもしれません。

第3章

これまでのポケモンGOの経済効果を考える

①ポケモンGOの売り上げは？

ところで、ビジネスとしてみた場合、ポケモンGOはどれだけの売り上げになっているのかはやはり気になるところです。あれだけの社会現象ともいえる大ブームが起きたのだから、相当な売り上げを上げているのではないか、普通ならそう考えるものだと思います。

アメリカでのリリースから1か月後、ギネスワールドレコーズが、ポケモンGOが5つのギネス世界記録に認定されたと発表しました。①最初の1か月で最も売り上げを集めたモバイルゲーム、②同じく最もダウンロードされたモバイルゲーム、③同じく各国のモバイルゲームダウンロードチャートで最も多く同時にトップを獲得、④同じく各国のモバイルゲーム売上高チャートで最も多く同時にトップを獲得、⑤売上高1億ドルに最も早く到達したモバイルゲーム。

そして、ポケモンGOの最初の1か月の売上高は2億6５0万ドル。ダウンロード数は、1億3０００万件。また、70カ国のモバイルダウンロードチャート55カ国のモバイル売上高チャートで同時にトップを獲得。リリースから20日で売上高1億ドルに到達しています。つまり、最初の一か月の売り上げは日本円で２６５億円だというのです。

ポケモンGOの売り上げに関しては、当初からいろいろな見方がありました。その中で、一番大きな数字を出してきているのがアップルのアナリストです。アップルCEOのティム・クックが話していたこととして言えば、12か月後から24か月後、つまり1年先の1年間で見た場合、アップルに対して30億ドルの収益がポケモンGOによってもたらされるということです。

いろいろな見方がある中で、アップルのアナリストが言うことというのは、特別な意味があります。それは、アプリの課金収入の仕組みに関わることだからです。

ポケモンGOはグーグルプレイもしくはアップストアからダウンロードできるわけですが、課金も全部ここを窓口にして行っています。これはどんなアプリでも同じです。ですから、アップルもしくはグーグルの人間は、アプリにおける課金の際のお金の流れが分かるのです。そのアップルのアナリストが言うのですから、それはつまり、他のスマホゲームアプリの課金収入動向も考慮した上の予想数値ということになります。というわけなので、アップルが出してきた予測値はいろいろある見方の中でも、一つ特別なものとして受け止める必要があるでしょう。

そしてまた、アップルが出してきた数字はもう一つの意味で重要です。これもアプリの課金システムにその秘密があるのですが、それは、アプリの課金額の30％が自動的にグーグルもしくはアップルに入ることになっているということです。これはどんなゲームやゲーム以外のアプリであっても全て同じです。「何もせずに30％のフィーはあまりに高いじゃないか」というのが誰もが抱くホンネかとは思いますが、それがプラットフォームを持つ強みでもあります。

そういった話は脇に置くとして、逆に、課金収入の3割がアップルに入っているのだとすれば、その仕組みから全体の数字の推測が可能ということになります。その試算をしてみましょう。

それはつまり、30％のアップルが30億ドルだとすれば、課金収入の全体額は100億ドルだということです。1ドル＝100円で換算すると、日本円でざっくり1兆円ですね。また、欧米圏でのアップルが占めるポケモンGOアプリのダウンロード件数は3分の2なので、グーグルの売り上げは15億ドルということになります。とすれば、課金収入全体は3兆円ということになります。これに強気の見方をして、3～4兆円規模ではないかという見方も出てきています。

また別の見方として、1日10億円の収入があると言われていて、これが本当だとすれば少し多めに見て1年で4000億円になるんじゃないかという見方です。これは十分あり得る数字だと思います。ですから、幅が大きいんですが、4000億円から数兆円、というのが現状の売り上げ予測の数字ではないでしょうか。最初のギネスが発表した数字が月265億円ですから、おおよそこの辺りの数字になると思われます。

●日本のトップゲームに匹敵する勢い

さらに別の見方をしてみましょう。

日本のスマホゲームでは、年間売上高1000億円が一つのメルクマールとされていて、モンストとパズドラがこれを達成しています。日本全体では約9000億円市場と言われており、この2大ゲームといくつかの主要ゲームとその他でおよそこの数字となっています。ちなみに、ミクシィの昨年の2016年3月期の年間売り上げ数字が2088億円となっています。おそらく同社の売り上げのほとんどの部分はモンストからの収入のはずですので、そこからすればやはりモンストは千数百億円の売り上げを上げているはずです。

ポケモンGOは日本でリリースされてから1週間目のアプリのダウンロードランキング

で1位となりました。２週目からはモンストとパズドラが再び1位、２位に返り咲きましたが、以降はスマホゲームでは3位前後をキープし続けています。ですから、モンスト、パズドラと同等、あるいはそれに近づく売り上げと考えてみれば、日本国内で１０００億円超、１５００億円以内くらいの数字になるのではないでしょうか。

そこにアメリカ、欧州、その他も加えると、やはり４０００億円超くらいはある程度固い数字で、うまくいけば兆円といった数字になるのではないかと推測できるのではないでしょうか。

以上が課金に関する売り上げ予想値です。そして9月中にはポケモンＧＯプラスが発売されます。プラスは1台３５００円ですから、１００万台売れたとして35億円、１０００万台売れたとして３５０億円の売り上げになります。プラスが何台売れるかに関しては比較や予測する数値がないのでなんとも言えませんが、世界中がマーケットであることと、ポケモンＧＯをダウンロードした人数がそれこそ夥しい人数になるわけですから、勝手な想像ですが、数千万台は売れるのではないでしょうか。

ちなみに、ポケモンＧＯはナイアンティック、ポケモン社、任天堂3社による共同開発なわけですが、売り上げ分配はどうなっているのでしょうか。これについては、ポケモンGOの課金売り上げを100％とした場合、前述のようにアップルとグーグルに自動的に30％が落ちるようになっています。そして残りの70％をナイアンティックとポケモン社に分配します。しかし、ここでの契約の中身は外部には伝わってきていないので、詳しい数字は分かりません。ですが、IP使用料として考えた場合、通常は3割、高くて5割ほどだそうです。そこでポケモンほど強いIPは滅多にないわけですから、およそ最高ランクの5割に達するんじゃないかと言われているので、だとすれば、ナイアンティックが35％、ポケモン社が35％ということになります。残った任天堂ですが、ビジネスの仕組みとしては任天堂には行かないことになります。ですが、ポケモン社は任天堂が3分の1の株式を持つ持分法適用会社なので、結果として10％くらいが任天堂に入ることになります。

あとは、日本マクドナルドがポケモンGOと連携したスポンサー収入がありますが、これについては契約内容が全く公表されていないので、推測のしようがありませんが、そういった収入もあったこと。また、今後はさらにこの部分の収入が広がるかもしれないことを認識しておけばいいのではないでしょうか。

❷ O2O（オンライン・ツー・オフライン）ビジネスの可能性

Ｏ２Ｏとは、オンラインのお客様を実際のオフラインであるリアルな店舗に連れて来るというＥコマースの概念ですが、何か食べるのにも購入するにもまずはスマホで口コミや評判を調べたりと、あらゆる情報をオンラインで取得してから購買に動く現在においては、単なるＥコマースというよりは、企業にとって欠かせないマーケティング戦略の一つとなっています。そして実際、いろいろなことがやられてきました。

例えば、オンライン上でチケットをもらってお店に持っていけば何か特典がもらえるといった、つまりはクーポンのようなものですね。これは比較的思いつきやすいですから、Ｏ２Ｏの考え方が普及した当初は「クーポン型Ｏ２Ｏ」が主流でした。しかし現在では、位置情報やＮＦＣ（近距離無線通信技術）、音波などの最新技術を活用した取り組みにまで裾野が広がってきていて、主だったＯ２Ｏを挙げると、

・実店舗とネットを連動させたＯ２Ｏ（店舗の在庫状況が確認できたりするもの）
・位置情報使ったＯ２Ｏ（店舗に行くと自動的にポイントが貯まったりするもの）

・ゲーミフィケーション型Ｏ２Ｏ（周遊をゲーミフィケーションするものなど）
・ＳＮＳ活用型Ｏ２Ｏ（ｆａｃｅｂｏｏｋ、ｔｗｉｔｔｅｒ、ＬＩＮＥなどＳＮＳを通じたクーポン配布やお得情報配信など）

などがあります。

こういった試みはこれまでにもそれこそさまざまやられてきたわけです。確かに便利なものやお得なものもたくさんありますが、飛躍的な効果を上げたというものはあまり聞いたことがありません。なぜなら、特定のアプリをダウンロードする必要性があったり、このお店では使えるけどあのお店では使えないという汎用性の問題があったり、そういった何かしらの明確な購買意欲やお得情報に敏感な人以外はなかなか囲い込めないとか、そもそもそういった便利なアプリがあることが知られていないという認知の問題だとか、さまざまな問題があるわけです。また、そういう試みは地道にはやられていたんですが、Ｏ２Ｏという概念自体があまり認知されていないということがあります。

●マクドナルドとの連携で認知広まる

ところが今回のポケモンＧＯでは、マクドナルドが連携してポケストップやジムが設置されて人が集まっているということをマスコミが報じたことで、Ｏ２Ｏという言葉を知っているかはともかくとして、「あるマーケティングの成功例」として広く人々の知られるところとなりました。そして、企業のマーケティング担当者にとっても、「やはりやり方次第でＯ２Ｏは可能なのだ」と認知されたことが大きいと思います。ちなみに、日本マクドナルドによると、配信が始まった7月の店舗売上高は、対前年比で26・6％増えたといいます。もちろん、この数字のうちのどれだけがポケモンＧＯの効果なのかは分かりませんが、話題性も重要ですから、ポケモンＧＯが集客に貢献したであろうことは間違いないでしょう。

従って、今後はいろいろなクライアントがＯ２Ｏでの活用としてポケモンＧＯ自体とも連携してやってくるでしょうし、ポケモンＧＯ以外のスマホの位置情報ゲームでの活用であったり、ゲームに限らず位置情報を使ったアプリケーションで話が出てくると思います。つまり、これまであったＯ２Ｏビジネスのマーケットを再創造・活性化したと言えるのです。それによって、この分野への企業投資がどんどん活性化し、それによって消費喚起につながる可能性が高まります。

●地方創生でも効果に期待

ポケモンGOに限ってみても、既に進んでいるものとして、8月9日に発表されたTOHOシネマズとのコラボがあります。映画館にポケストップを設置するというものです。また、8月10日には、岩手県の知事が提唱して話が進んでいるものとして、岩手・宮城・福島・熊本の4県の知事や県担当者とナイアンティック日本法人とが都内で記者会見しました。今後はこの被災地4県にポケストップやジムを追加したり、イベントでの観光客の誘致に取り組むという内容でした。これは復興あるいは地方創生のケースです。もしかしたらこの地域限定のレアなポケモンが出たりするかもしれませんね。こういった試みはどんどん進んでいくことでしょう。

つまり、ポケモンGOではO2Oマーケティングの可能性を世間に知らしめたと共に、ポケモンGO自体がO2Oマーケティングのプラットフォームになる可能性があるということです。そして事実、TOHOシネマズや東北と熊本の復興と地方創生の話が動きつつあるということです。

ポケモンGOのO2Oマーケティングでのプラットフォーム化でさらに言えば、イングレスの紹介をした際に、ローソン以下名だたる日本の有名企業がイングレスとコラボした実績があることを示しました。イングレスは1500万を超えるダウンロードを誇る位置情報ゲームですが、ポケモンGOに至っては、8月頭時点でのアメリカでは1億ダウンロードされています。日本でも、全スマホユーザーの2割がポケモンGOをプレイしてみたと言われています。イングレスであってさえと言っては失礼ですが、それでもそれだけの力があるということです。

また、やはりこれも先に紹介をした、上場企業で唯一、位置情報ゲームを主力商品としているモバイルファクトリーでは、岩手県での地方創生を目的としたO2Oイベントを2015年の年末から2016年3月一杯までの約3か月半行ったところ、期間中に当初目標の1000人を上回る約4700人がイベントに参加し、同社の独自試算によると、その経済効果は2億3400万円に相当するものだったそうです。

これら、イングレスやモバイルファクトリーのユーザー数をはるかに凌駕し、しかもゲームマニアでないあらゆる層のユーザーを獲得しているポケモンGOですから、その可能性は計り知れないものがあります。

●埋もれた価値の再発見につながる

そしてポケモンがプラットフォーム化するかもしれないポケモンGOの強みとして見落

としてはいけないのは、「今まで呼び込めなかったお客」を呼び込むことが可能ということです。数あるO2Oマーケティングに対してポケモンGOが優れている点がここにあります。例えば、東京の西の方に住んでいて、都心部に出るのはせいぜい買い物で新宿や渋谷に出るだけ、といった若者でも、東京でも東部に位置する上野公園でレアなポケモンがたくさん捕まえられるとなれば、上野まで足を延ばすことになるのです。そして、歩き疲れたら上野のマクドナルドで食事がてら休憩するなどといったことが考えられますし、実際そういった若者はいるでしょう。また、普段は博物館なんてかび臭くてイヤだなんて考えている人でも、博物館を取り囲む公園でやはりレアなポケモンが出ると聞けば出掛け、こんなきれいな建物なんだと、新たな発見をしたりする。

つまりそのポテンシャルは、店舗へのセールスマーケティングといったビジネスユースだけにあるのではなく、観光地や美術館などの公共機関、神社仏閣、果ては投票所といった社会的な場所に人を動かし、今までは気付かずに見過ごしていたロケーションとその価値、さらに人が集まり情報交換することでのソーシャルな関係を生み出すことが可能なのです。

3 人が歩けば

これまで述べてきたように、ポケモンGOが通常のスマホゲームと異なるのは、まずは屋外に出て「歩く」ということです。ポケストップでアイテムをゲットし、ポケモンを探し回るだけでなく、ポケモンの卵を孵化させるには、2キロ、5キロ、10キロの3種類の卵の距離だけ歩く必要があります。しかも、スマホの加速度センサーを利用して時速10キロを超えると移動が無効になってしまう仕組みなので、結局は歩くか、ゆっくりと自転車などに乗って移動する必要があるのです。

それだけ人が動き回ればどうなるか。世間ではポケモンGOによる経済効果をアベノミクスになぞらえて「ポケノミクス」と呼んでいますが、このポケノミクスについて、身近なところから試算をしてみたいと思います。

試算には、イングレスでは2015年に総ユーザーが2億5800万キロメートル歩いたことになるという数字と、前項の「O2Oビジネス」のところで紹介したモバイルファクトリーが岩手県で行ったキャンペーンでの、4700人のユーザーが参加して、2億3400万円の経済効果を上げた、という数字を元にしてあります。

試算 その1

10キロメートル歩くごとに、例えばドトールコーヒーでアイスコーヒーのMサイズ（270円）を1杯飲むと仮定すると、

イングレスの場合：

2億5800万キロメートル÷10キロメートル×270円=69億6600万円

ポケモンGOがイングレスの100倍のユーザーがいると仮定すると、

●69億6600万円×100=約7000億円

試算 その2

ランニングシューズの耐久距離を1000キロメートルと仮定すると、

イングレスの場合：

2億5800万キロメートル÷1000キロメートル＝258000足

同様に、ポケモンＧＯがイングレスの100倍のユーザーがいると仮定すると、

●25800足×100＝2580万足

また、ポケモンＧＯにおいて、特定の店舗にポケモンが出現するＯ２Ｏ広告が行われたり、地方創生に役立つイベントが開催されるとします。

すると、

・実際に店舗に顧客を誘引することが可能なＯ２Ｏ広告が人気となり、広告出稿をした小売店の売り上げ増が期待できる。

・地方に数多くのユーザーが訪問するので、地方活性化に役立つ。

試算 その3

モバイルファクトリーの位置情報ゲーム「駅メモ！」と岩手県が連携して2015年12月17日（木）～2016年3月31日（木）に行った、〈「いわて×駅メモ！」キャンペーン

～駅メモ！で巡る「黄金の國、いわて。」〉では、
〈キャンペーン参加人数〉　4694人
〈モバイルファクトリー独自試算による経済効果〉　約2億3400万円
ここで、ポケモンGOが同様のイベントを開催したと仮定し、ポケモンGOが「駅メモ！」の500倍のユーザーとすると、

●2億3400万円×500＝1170億円

以上はあくまで試算なので、右の結果が実現するかどうかは分かりません。しかし、今も続くポケモンGO人気を考えれば、充分に可能性があるということです。しかも、試算は外出時の飲料消費と、外を歩き回るのに必要な靴の消費、1地方のイベントにおける経済効果のものにしか過ぎません。風が吹けば桶屋が儲かると言うように、影響はどんなところに及ぶかも分かりません。とにもかくにも、ポケモンGOはこれに興じる人々を屋外へと連れ出します。となれば、どうしたって世の中の消費拡大につながることでしょう。ポケモンGOが世界を救う可能性だって充分にありえるのです。

④ ポケモンGOが影響を与えた業界

●現在のポケモンGOによる経済効果

ポケモンGOを行うと、位置情報ゲームなのでスマホを持って、さまざまなところに徒歩で移動することになります。データ通信を行い、ポケモン専用機の購入や高機能スマホへの買い替えを誘発するので、携帯電話会社にメリットが生じます。また、電池の消費は尋常ではないのでモバイルバッテリーなどのスマホ付属用品の販売にプラスです。

さらに、出歩くことにより、靴がすり減り、喉が渇き、お腹がすくので、外食産業や靴の製造・販売、ビール、飲料、コンビニと言った、一般消費に係る関連業界にメリットが生じます。

業界	銘柄	概要
スマホ・付属品関連	エレコム（6750）	PC周辺機器大手、モバイルバッテリーを販売
	メルコホールディングス（6676）	PC周辺機器大手、モバイルバッテリーを販売
	アイ・オー・データ機器（6916）	PC周辺機器大手、モバイルバッテリーを販売
	トランザクション（7818）	雑貨製造・販売　モバイルバッテリーを販売
外食産業（喫茶店）	ドトール・日レスホールディングス（3087）	喫茶ドトール、『星乃珈琲店』展開、休憩・携帯の充電利用
	銀座ルノアール（9853）	『喫茶室ルノアール』展開。休憩・携帯の充電利用
	コメダホールディングス（3543）	コメダ珈琲店を展開。休憩・携帯の充電利用
飲料	伊藤園（2593）	茶葉製品・緑茶飲料最大手。一部の自販機が『Ingress』のポータルに
	サントリー食品インターナショナル（2587）	国内飲料2位企業。自販機網が強力
	ダイドードリンコ（2590）	飲料売上の8割が自販機販売
携帯電話会社	NTTドコモ（9437）	携帯電話国内最大手
	KDDI（9433）	総合通信会社大手・apple のコンテンツ売上を au の携通合算で支払可能
	ソフトバンクグループ（9984）	携帯電話国内大手、米国でも sprint で携帯事業を運営
靴	アキレス（5142）	運動靴大手企業。子供運動靴『瞬足』が有名
	エービーシー・マート（2670）	靴小売専門店最大手。『ABC マート』を直営展開しており、スニーカーに強み
ビール	アサヒグループホールディングス（2502）	ビール類シェアトップ企業。傘下に飲料のカルピスも所有
	キリンホールディングス（2503）	ビール類シェア2位企業
	サッポロホールディングス（2501）	ビール類シェア4位企業。ポッカと経営統合
コンビニ	ローソン（2651）	コンビニ業界2位企業。過去に『Ingress』と提携し、一部店舗がポータルに
	セブン&アイ・ホールディングス（3382）	国内2位の流通企業。稼ぎ頭がコンビニ『セブンイレブン』で業界トップ企業
	ファミリーマート（8028）	コンビニ業界3位企業

コラム

ゲームサイト「インサイド」元編集長に聞くポケモンGOの魅力

ゲーム業界に新たな風を吹き込んだポケモンGO。その魅力について、ユーザー側、ゲーム業界側、双方の視点を持つ、情報総合ニュースメディア、インサイドの元編集長に聞いてみました。

アメリカであれだけ騒ぎになってから日本に上陸しましたが、日本でも大変な騒ぎになって、まずはこれだけ人を動かすということに素直に驚きました。それと同時に、「ポケモンというIPってこんなに凄かったんだ」という、逆に日本人だから気付かなかったポケモンのワールドワイドな人気の高さに驚かされました。

あと目立つのは、子供より大人の方がポケモンGOに興じているということですね。ポケモンは20周年でそれなりに年月を重ねてきましたから、ポケモンをやった世代がかなりのボリュームを持ってきているわけです。最近の任天堂の動きを見ていても、「お客さんの世代を上げたい」という狙いがあるのかとは思っていたんですが、今回はその目論見も上手くいきました。そういったことがありつつも、とにかくこれだけ人がたくさん動いたことには驚きました。

日本で広まってすぐに言われるようになったのが、「あまり目的がないゲーム」というか、ポケモンを集めるのはいいけれど、あまりその先がなく、明確なゲーム性といったものに乏しいゲームということでした。そこはまだまだ作り途中なんだと思います。ナイアンティックのCEOのジョン・ハンケもそのように語っています。ですから今後は「交換」、個人間の「対戦」といった、ポケモンというゲームが本来持っているプレイヤー間でのコミュニケーションの要素も加わってくるでしょう。

◇

課金に関して言えば、一般的なスマホゲームの課金体系としてはかなり緩やかなものです。レアなキャラがもらえる、いわゆる「ガチャ」の機能もないですし。それはこのゲームの向いている方向性が、「お金を集める」ことにあるのではなくて、「人を動かす」ことにあるのだと思います。ゲームの設定の仕方に、「人の移動を促しさえすれば良い」というところがあって、そのランダム性みたいなものが最初からゲーム性に組み込まれているということだと思います。

あえてガチャの代わりという意味で言えば卵を孵化させてなにかしらのポケモンが出て来るということだと思うんですが、それも歩いてこそ初めて卵を孵せるといった具合ですから、そこでも課金を煽るような仕組みにはなっていません。レアなポケモンが出る卵みたいなものがあればまた話は別なんでしょうけど。ただそうすれば、「結局はお金」ということが分かってしまうので、皆が覚めていくでしょう。ところがそうなっていないから皆がプレイしている。

◇

今後については、このままいくと飽きられるのは早いでしょう。一方で、まだ登場していないポケモンの数はいくらでもあるので、仕掛けようはいくらでもあるでしょう。すぐに辞める人がいたとしても、既にダウンロードして遊んだ人は千万単位でいるはずなので、それをちょっと引き戻すことをするだけで相当なプレイヤー数のボリュームになります。そのためのやり方は多くて、方向性としては、今はなんとなくゲームの中に組み込まれているランダム性みたいなものを、もっとビジネス的なものにシフトさせていくということはあるのではないでしょうか。そうすればゲーム性も高まるので、ユーザー側のプレイ動機も活性化してくるでしょう。

◇

これだけポケモンをやってくれる人が増えたので、本家の3DS版のポケモンにも好影響でしょう。任天堂が次に発売するゲーム機「NX」との連携も視野に入っているはずです。任天堂はプレイヤーにIDみたいなものを配布していて、スマホの会員もゲーム機の会員も統合しています。それをテコにして、スマホ、ゲーム機、各年代と、あらゆるプレイヤー層の統一化を図りたいのではないでしょうか。今回のブームでポケモンというIPの価値は世代に関係なく高まりました。任天堂としては子供だけでなく、30~50代に至る人までをビジネスの対象にしたいという思いが感じられます。ポケモンGOが流行ったことによって、今後そういった世代を攻められる基盤ができたというイメージを個人的には抱いています。

第4章

将来のポケモンGO効果について考える

① 今後のポケモンGOの可能性

現在のポケモンGOがあえてさまざまな改良の余地を残したままリリースされたβ版であることは既に述べましたが、では今後、ポケモンGOはどのように変貌していくのでしょうか。

ナイアンティックCEOのジョン・ハンケが最近、公式の場で語ったところによれば、今後、以下のような機能の実装を考えているようです。

・ポケモンのトレード機能
・ポケモンセンターの追加（本家ポケモンでは、センターはポケモンの回復、交換、パソコンに預ける場所）
・ポケストップのカスタマイズ
・ジムバトルで防衛側が勝った回数に応じてなにかしらのメリットを得られる
・近くのトレーナーとの対戦機能
・「わざマシン」の追加（ポケモンが持つ「わざ」を変更できる）

・各地にジムリーダーを設置する
・伝説のポケモンを協力して倒すイベント

●『交換』で加わるコミュニケーション機能

このうち、ポケモンの「交換」と「大人数でのイベント」に関しては、ポケモンGOのプロモーションビデオにそのシーンが見られていたので、「期待」ではなく「予定」として実装予測されていたものです。

そもそも本家のポケモンは、「収集」、「育成」、「戦闘」、「交換」という要素から成り立っている中で、ポケモンGOではこの「交換」機能がありませんでした。ところが、ポケモンがゲームボーイからDS、3DSなどで人気を博し続けてきた理由の一つがこの「交換」によるコミュニティ性であることを考えれば、この「交換」機能の実装は、予想されていたものではありましたが、さらなるポケモンGOの成長が期待されて非常に大きな意味を持ちます。

というのも、ポケモンを交換するということは、そこではプレイヤー間のコミュニケーションができるということです。すると、交換機能の実装が最初はどんなもので、その後どう拡充されていくかは分かりませんが、将来的にはポケモンGOでお互いメッセージがやり取りできたり、友達検索などができることが考えられます。現在のSNSでのソーシャルゲームが実装しているのと同じ機能です。すると、ポケモンGOをプレイする既知の友人も探せますし、ポケモンGOを通じて新たな仲間を見つけることもできるかもしれません。「明日、どこそこにポケモンを探しに行こう」といったメッセージのやり取りが行われて、オフ会のような形で探しに行くようなコミュニケーションも生まれるでしょう。つまり、「コミュニケーションプラットフォーム」に変貌する可能性があるのです。

また、伝説のポケモンを協力して倒すイベントも具体的にどういった形で行われるのかは分かりませんが、まず、イベントなので、企業がスポンサードする形で行える可能性があり、これは課金収入によらない収益源を確保することなので、財務面から見れば収益構造の強化が見込めます。課金収入によらないということは、ポケモンGOのようなマイルドな課金システムのゲームを安定的に運営していく上で重要なことです。また、イベントに応じて企業がスポンサーしたポケモンを登場させるなどすれば、それだけで宣伝効果にもなりますし、イベントが行える会場の設定の仕方次第では、O2Oマーケティングとして集客に大いに役立てることができます。さらにそのポケモンが交換機能で交換されるとなれば、例えばLINEで企業がスポンサードしたスタンプのような機能を果たし、ユーザー同士だけでなく、ポケモンを通じたユーザーと企業の双方向のコミュニケーションを生む可能性もあります。

●大きく変貌する可能性

また、ポケストップのカスタマイズもさまざまな可能性を感じさせます。例えば、ポケストップから得られるアイテムの種類を増やすことで、課金対象アイテムを増やすことができます。また、マクドナルドと組んでやったような企業タイアップのメニューを増やすことで、より強力なものを展開することも可能でしょう。そこのポケストップでしか得られないアイテムが出るようにしたり、どのポケストップも同じ形のものをデザインを変えて、例えばコンビニとタイアップするのであれば、コンビニに置かれるポケストップには店のロゴを入れるなんてことも可能です。そのために、新たなポケストップの増設なんてこともあるかもしれません。

これまでポケモンGOが登場したことで、AR（拡張現実）とナイアンティックの持つ位置情報が組み合わさることで、LBS（位置情報サービス）に画期的な利用方法を生み出したということはお話しました。また、LBSを利用したポケモンGOというゲームが、「リアルワールドゲーム」とでもいった形で、実際に人を動かすものであること。それによって、ポケモンGOがO2Oビジネスのプラットフォームになる可能性があることもお話しました。さらに、「交換」機能の実装によっては、さらにソーシャルなコミュニケーション要素が加わり、「コミュニケーションプラットフォーム」にも変わり得ることは今説明した通りです。

もし、LBSとSNSとが融合した巨大プラットフォームに育つとすれば、それだけで人の動き方やコミュニケーションのあり方を変えてしまうような大きな変革になるかもしれません。そうなれば、ポケモンGOが人々の行動のモチベーションになったり、ポケモンGOというプラットフォームから行動が決定されたりすることがあるかもしれません。つまり、イベントや販促などの企業行動、メディアの活用、他のコンテンツとのコラボなど、ゲーム以外のさまざまな業種やコンテンツの媒介となるような一つの「社会」となるかもしれません。

そこまでの変化はないとしても、近いところでゲーム業界に大きな影響を与えるでしょう。まず任天堂本体で、今後のスマホゲームやゲーム機などのコンソールへ好影響をもたらす可能性があります。また、スマホゲームとコンソール事業との連携で（任天堂が来年に発売予定している新ゲーム機のNXでの展開など）、新たな事業展開につながるかもしれません。ゲーム業界としても、ゲーム他社はポケモンGOの成功を見て位置情報ゲームの開発に取り組んで開発投資で活況化するでしょうし、ポケモンGOとはまた違った位置情報ゲームが開発され、さらなる空間価値が見いだされるという形で社会にフィードバックされるかもしれません。

以上、ポケモンGOの変化について、ベストシナリオのケースについていろいろ考えてみましたが、ポケモンGOがそれだけのポテンシャルを持っている以上、展開次第では大きな可能性を持っていることは確かなのです。

2 ポケモンGOでこう変わる

ポケモンGOの今後の新たな付加機能の実装から、ポケモンGOがもたらすかもしれない大きな変化については前項で考えてみました。現在の形でもいろいろな利用価値、さまざまなビジネス上の展開が考えられますが、今後、考えられる追加機能を想定すれば、さらに多くの可能性が広がります。

ここでは、ポケモンGOの進化に応じて派生するかもしれないビジネスをいくつか考えてみました。いずれも実現すれば面白い話だと思います。

●ポケモンGOでメタボがなくなる

ポケモンGOをプレイしていて、せっかく歩いているんですから、これは新たな健康維持・体調管理に使いたいところです。

例えば、ポケモンGOに「ポケモンGOヘルス」といった機能を付けてこれに役立てるという使い道が考えられます。ヘルスケアソフトはあまたありますが、正直、あまりお金になっていません。健康志向が高い人であれば、スマホを体に装着してそういったソフトで毎日ジョギングした距離を計画的に管理し……といったことをされているようですが、みながみな、なかなかそうはいきません。

　ですが、やはりポケモンGOをしてせっかく歩いているんですから、これを役立てない手はないでしょう。簡単に思いつくところでは万歩計ソフトとの連携が考えられます。万歩計ソフトを使っている人は多いでしょうが、これもどうしたって三日坊主になりかねません。ポケモンGOを起動させていなくてもスマホでは位置情報を感知しているので、歩いた距離をカウントできます。そこで、万歩計ソフトを連携させることで、ポケモンGOをプレイしていなくても歩いた距離に応じて卵が孵化できるようにしたり、歩いた距離に応じてモンスターがもらえたり、あるいは孵化装置などのアイテムがもらえるようにするなどといった利用があってもいいんじゃないでしょうか。50キロや100キロ、500キロ歩いたら、3種類のレアモンスターのうちどれかが抽選で当たるなんてのもいいかもしれません。

　実際に歩いたり階段を上ったらそれに応じてプラスが付くような相互性のある別の関連アプリを作ってポケモンGOにデータを移せるようになれば、なかなかお金にならないヘルスケアソフトをマネタイズすることも可能なのではないでしょうか。ポケモンGOを入り口に、より高度な健康管理ソフトに人を誘導することも可能です。

　その意味では、ウェアラブル端末としてのGOプラスとの連携も期待できます。例えば、GOプラスをタニタの体重計と連動する。そんなことも可能なのではないでしょうか。

●ポケモン「チラシ」

これはこれまでやられてきたO2Oマーケティングのクーポン券型O2Oと同じ考え方ですが、どうせ歩いているのですから、買い物などで立ち寄りたい場所のロケーション情報をポケモンGOに取り入れるという考え方です。

カーナビのように、ゲーム画面上にコンビニやスーパー量販店、役所などの所在地を表示させたり、あるいは、出てきたポケモンにタグが付いていて、タップすると周辺のお店情報や安売り情報など、お役立ち情報が得られるようにする。ポケモンが「チラシ」のような機能を果たすのです。さらに、会計の際に「ポケモン見た」と画面を見せれば値引きしてもらえるといったような。

もちろんこういった情報が氾濫してしまうと純粋にゲームを楽しみたい人にとっては煩雑に過ぎないものになります。なので、「チラシお断り」じゃないですけれど、表示機能のオンとオフを切り替えられるようにし、また、どこまでの情報を表示させるかの選択をできるようにする。例えば主婦ならどうせ歩いたついでにスーパーの安売り情報が表示されれば便利と考える人もいるでしょう。ポケモン探しでお腹がすいたら、近くの安くておいしい食べ物屋さん情報が欲しくなるかもしれません。

あるいはポケストップの機能拡充です。例えばコンビニと提携した場合、コンビニ近くのポケストップにチラシを付けるようにします。それが、通常ならおにぎり30円引きというものだったら、レジで「ポケモン見た」と言って、認識コードをレジで読み取らせるとさらに10円引きになる。こういった機能まで実装できれば、ポケモンGOでの集客効果もカウントできて広告宣伝効果も分かります。正直、今のマクドナルドのやり方では、来店者の何人がポケモンGOで来たか分かりません。ここまできちんとやれば、何も買わないで来店するお客さん対策にもなります。

さらにこういったスポンサード収入は、課金によらない収入源なので、ポケモンGO利益率の向上になります。課金収入だと、グーグルかアップルに自動的に3割が控除されてしまうのは既にご説明した通りです。

●ポケモンファッション

ポケモンGOでは、ダウンロード後に各種設定をする中で、ポケモントレーナーである自分のアバターの髪色や服装などの設定もします。自分の分身であるアバターに愛着を感じているプレイヤーなら、自分だけのアバターを作りたいという人もいるのではないでしようか。そうすればまたこれも企業と組む形でいろいろな展開が可能です。

例えば、トレーナーが背負っているリュックサック（恐らくはモンスターボールやおこう、戦闘で傷ついたポケモンを回復する各種薬が詰め込まれている）。これに、プラダやヴィトンのブランドロゴを入れるのです。そしてスポンサードした企業側が、アバターが背負っているのと同じ実物のリュックを製造・販売します。自分が普段背負っているのと同じリュックをアバターが背負っていたら、ここでもゲーム世界とリアルな世界が交錯する楽しみが味わえて、よりポケモンGOの世界に浸ることができます。

そういったリュックの入手では、新たな課金メニューを加えることが可能になるでしょうし、しかし、マイルドな課金メニューがポケモンGOの鉄則でもあるので、それは、例えばプラダであればプラダがポケモンGOと組んでイベントをやり、そこに参加することで優先的にプラダのリュックを得られるというハードルを課せばクリアできます。そして、プラダの集客にもつなげるようにするのです。また、現物のプラダのリュックを購入する場合にも、アバターが背負っているリュックを店頭で明示することで、プライスダウンが受けられるようにするのです。同じことは、アバターが着ている服や履いているスニーカーでも可能です。

というのも今後、ポケモンの「交換」や自由な「対戦」が実装されて、コミュニケーション機能が拡充されてポケモン友達探しなどするようになったら、そこがかなり重要になってくるからです。SNS上のつながりというのは、アバターが自分の顔の役割を果たすもので、アバターのカスタマイズにその人の性格が出たりもします。これも、LINEスタンプのようなスポンサードの形で、ユーザー同士だけでない企業とのコミュニケーションの可能性を生み出すことができるでしょう。

●不動産売買

リアル世界の位置情報サービスを元にしているからできることなのですが、ポケストップやジムの売買が行われるという可能性が今後、考えられます。事実、マクドナルドとの連携は言い方を変えれば、「ポケストップという不動産」の売買と言うことも可能です。さらに、ポケストップの機能拡充が実装されれば、より一層ポケストップの位置は重要になってくるはずです。TOHOシネマズとの連携の話にもあるように、これは実際に現実化しつつあります。

ポケモンGOをプレイした人なら感じることでしょうが、ポケストップの位置は恣意的なものです。それは、ポケストップの位置は前身のイングレスの「ポータル」の位置に準じていて、イングレスのポータル設置は「自己申請」だったからです。なので、家の近くにポケストップがあったらそれはイングレスのユーザーが近所にいたか、ユーザーが近くを訪れてその場所にポータルを設定したからに過ぎません。地方に行くとポケストップがないという「ポケモン地方間格差」の問題は、なにもポケモンGOが地方を蔑ろにしているのではなく、ただ単にイングレスのユーザーが少なかったということに過ぎません。地方なのに、ポケストップの多い鳥取砂丘などは、近くに熱心なイングレスユーザーがいたおかげのようです。

新たなポケストップの出現に関してはあまり一般ユーザーからのクレームは生じないとは思いますが、無くすとなると問題が生じそうなのでその運用はどうやるかは分かりませんが、ポケストップやジム購入、売買は可能になるのではないでしょうか。年間いくらとか、地域ごとの入札制度であるとか。もうそうなると現実世界の不動産売買のようです。さらに、LBSのプラットフォームとしての広がりを持つようであれば、ポケストップの売買マーケットのようなものが現れるということもあるかもしれません。

10年ほど前、リンデン・ラボというアメリカの会社が運営する「セカンドライフ」という仮想空間が、世界中でブームになったことがあります。ブームは日本にも上陸し、仮想空間の土地を実際に売買しているということで話題となったことがあります。ところが、セカンドライフは社会的な広がりを勝ち得なかったことで、尻すぼみになってしまいました。

ところが、ポケモンＧＯは既に非常に多くのユーザー数を獲得して人を動かしています。それだけに、仮想空間の土地売買というのは現実味を帯びているのではないでしょうか。

3 今後、ポケモンGOの影響が考えられる業界

●将来のポケモンGOによる経済効果

より詳細なGPS情報取得のため、加速度センサーを複数個搭載するなど、スマホの高機能化により、センサーなどの電子部品メーカーに恩恵をもたらすでしょう。流通大手は、ポケモン探しに出歩くことにより、消費拡大でやはり恩恵を受けます。移動手段として、電車・バス、航空会社も乗降者増加が期待され、ポケモン探しの旅で宿泊も増加すると考えられます。また、SNS、位置情報を活用したネット広告もやはり増加に期待できるでしょう。ポケモンGOは、グーグルマップを利用していますが、今後の位置情報ゲームは、他の地図情報を活用する可能性がありそうです。ポケモン探しという共通の話題もあり、男女の出会い増加により、婚姻数が増加するかもしれません。

業界	銘柄	概要
電子部品	ローム（6963）	カスタムLSI首位企業。携帯用の様々なセンサーの需要増に期待
	北陸電気工業（6989）	スマホ、タブレット向けモジュール製品が主力。加速度センサー
流通各社	イオン（8267）	位置ゲームソフトのプラットフォームあり
	セブン&アイ・ホールディングス（3382）	国内2位の流通企業。稼ぎ頭がコンビニ『セブンイレブン』で業界トップ企業
映画関連	東宝（9602）	ポケモン映画上映、傘下のTOHOシネマズが提携してポケストップに
電車・バス	京成電鉄（9009）	始発駅の上野の上野公園がポケモンの巣
	西日本鉄（9031）	バスの大手企業
	神奈川中央交通（9081）	小田急系列のバスの大手企業
航空	ANAホールディングス（9202）	国内線・国際線首位の航空会社。過去に『ポケモンジェット』を就航
ホテル	共立メンテナンス（9616）	寮、ホテル事業が2本柱。『ドーミーイン』ビジネスホテルを運営
ネット広告	アライドアーキテクツ（6081）	SNSを使ったマーケティング支援
	アイリッジ（3917）	スマホでの次世代O2Oを実現する位置連動型プッシュ通知ASP「popinfo」を運営
地図事業	ゼンリン（9474）	国内地図情報TOP企業。全国で住宅地図を展開
ブライダル	ノバレーゼ（2128）	ゲストハウス・ウエディング運営

コラム

経済部記者に聞くポケモンGOの魅力

普段、経済の動きを見ている記者の方々はポケモンGOブームをどう見ているのでしょうか。株式市場を見ている某経済新聞紙記者のNさんに聞いてみました。

――NさんのポケモンGOをやってみた感想は。

ポケモンGOは当然日本でも流行るだろうということで、7月22日に日本でダウンロードが開始されてからすぐにダウンロードして遊んでみました。実際やってみて感じたことは、やはり「歩く」ということ。孵化装置に課金してたくさん買って卵を孵してはまた卵をゲットして孵して、の繰り返しです。

珍しいポケモンは「巣」と呼ばれる特定の場所に行かないと手に入らないんですが、行くのは大変なので。そうすると結局は購入するしかないんです。

――どんなところにハマったんでしょう。

やはり捕まえる楽しさと進化させて育てるという楽しさですね。ただ、個人レベルが20を超えた辺りからなかなかレベルが上がらなくなってちょっと辛くなってきたというのが現実です。

ジム戦は考え方によっては楽しいですね。相手のポケモンと自分が持っている強いポケモンとの相性を考慮しながら自分が戦闘で使うポケモンの並び方を考えたりと。結果、勝てたりするとまた楽しい。ただ、ある程度の強さを持ったポケモンがいないと、戦略を考える前から勝負にもならないので、そこは一生懸命歩いてポケモンを集めながら育てていくしかないでしょうね。

――記者としてこの動きのどこに注目していますか。

じゃあ、今後はどうなるんだろうという話になるかと思うんですが、一番面白そうな展開として考えられるのは、マクドナルドがポケモンGOとコラボして、全国2900店舗をジムかポケストップにしたように、ポケモンGOとの連携で集客を高めるかといった、ああいうことが起こるのではないかということですね。

それから、私個人の変化でもあるんですが、私はポケモンGOをやったことで、それまでヒマ潰しでやっていたほかのスマホゲームを明らかにやらなくなりました。また、知り合いでほかのスマホゲームに重課金してハマっている人がいるんですが、その人もそれまで大金をつぎ込んでまでやっていたゲームは明らかにやらなくなったそうです。これは、他のゲーム会社にとってやはりマイナスになるのではないでしょうか。

仄聞程度ですが、多店舗型で展開している某有名レジャー施設に影響が出ているようです。いつもに人が並んでいたりするところが、明らかに集まる人の数が減っていたそうです。というのも、ポケモンGOは屋内でやるヒマつぶしというよりは、屋外にポケモンGOをプレイしに行くというゲームなので、その代りとして「出かける先」というのが食われたということなんじゃないでしょうか。似た遊びとしてのゲームセンターだとか、ボーリングだとかに影響が出ると思います。

——日本経済に与える影響はどうでしょう。

計算してみたら、私は配信開始後の2週間で86キロも移動していたんですね。それで実際に自分の何が変わったかと言えば、お酒を飲みに行くようになりました。よく歩いたから飲みたくなるんです。お腹もすくし喉も乾きますから。みなさん同じだと思うので、やはり消費拡大につながると思います。ペットボトルのお茶やコンビニの売り上げも伸びるでしょう。7月は配信後の期間が短かったですから、さらに暑くなった8月の月次売上に特に注目が必要ですね。特に自動販売機では分かり易く数字に反映するんじゃないでしょうか。いわゆるポケノミクスというやつですね。あと、私は靴も買いました。そういった周辺小売りやそこに卸すメーカーなどもある程度の恩恵にあずかれるんじゃないでしょうか。

第5章　隠されたグーグルの世界戦略

1 ポケモンGOでビッグデータ収集

現在、さまざまな分野でビッグデータの活用ということが言われ、企業が活用を進めようとしていることは言うまでもありません。念のため、ビッグデータとは何かを一言で言えば、ITの進歩によって収集可能となった大量・多様・リアルタイムな情報資産のことを言います。

スマホやタブレット、M2M（機器間通信）の普及でデータ量は急増していて、それも、メールやツイッター、センサやカメラ、GPSの位置情報といった不定形なデータは膨大に膨らんでいるわけですが、これを分析し、マーケット戦略を始めとしたさまざまなビジネス戦略に活用していこうというのが、「ビッグデータの活用」と世間で言われているところのざっくりとした意味内容です。そして、スマホやタブレット、カメラ、GPS情報を使用するポケモンGOも、この解析すべきビッグデータの一つであるのです。

ナイアンティックのCEO、ジョン・ハンケはもともとはグーグルのスタッフで、グーグルの副社長としてグーグルアースを統括していました。それと同時にハンケは、keyholeという会社の創業メンバーの一人で、CEOでした。というより、このkeyh ｏｌｅという会社が２００４年にグーグルに買収された後に、主力製品がグーグルアースと名前を変えて、グーグルマップとストリートビューとなったのです。その制作をハンケが率いていたというわけです。

このｋｅｙｈｏｌｅという会社はもともと、ＮＧＡというアメリカ国家地球空間情報局という情報機関から得た資金で立ち上がったＩＴベンチャー企業と資本関係がありました。アメリカでは産学共同を積極的に進めるところがあるので、こういった例は必ずしも珍しいものではありません。いずれにせよ、グーグルアースの大元を辿れば、そういった国家ぐるみの空間情報を収集分析する活動があったということです。

そのｋｅｙｈｏｌｅ社をグーグルが買収したのも、そこには当然、グーグルの戦略がありました。つまりは、ビッグデータの取得です。グーグルという会社が、検索エンジンやクラウドコンピューティング、ソフトウェアなどインターネット関連サービスの会社であることは今さら言うまでもないでしょう。そのグーグルの収益の多くは、オンライン広告のＡｄｗｏｒｄｓ（アドワーズ）で得ています。そしてこの広告は、まさにビッグデータの活用で成り立っているのです。グーグルという会社は「ビッグデータの申し子」とも言うべき会社で、同社のビジネスの根底には、サービスを通じて取得して得た大量のデータの活用があります。それを広告に生かしているのです。

●更なるビッグデータ収集の意図

そこでポケモンGOですが、ナイアンティックがもともとグーグルからスピンアウトした会社で、CEOはグーグルマップを作った人です。そこには当然、グーグルマップを通じた更なるビッグデータの取得という意図があるはずです。

グーグルマップの更なるデータ収集。ポケモンGOはこの意図に大きく寄与するものです。みながこぞってポケモンGOをやれば（まさかこんなにたくさんの人がやるとはナイアンティックやグーグルの人達も想像していなかったでしょうが）、プレイヤー個人個人のGPSを通じた移動が情報としてストックされます。その情報を解析すれば、どこに住んでいて、職場がどこで、昼食はどの辺りでとって、アフターファイブはどこで遊ぶのか。また、移動のパターンから、何曜日が休みで、休みの日はどこに出掛け、普段は何時に寝て、昼間働いているのか夜働いているのか……といった、ありとあらゆる個人の行動パターンを知ることができます。

また、ポケモンGOにアカウント登録する際の、アカウント認証では、基本的にGメールアドレスが使われているので、認証上の個人は特定されています。さらにここでは、グーグルの検索・表示履歴、Gメールの利用情報、グーグル＋をやっている人ならその内容情報までが自然と紐付くようになっています。これではもう、個人の趣味嗜好から行動パターンなどほとんど筒抜けのようなもので、これはビッグデータとして見た場合、それこそ宝の山なのは言うまでもないでしょう。

そう考えると気持ち悪い話ですが、既にOSが搭載されたコンピュータ機器を使っている以上は仕方のないことだとも言えます。グーグルはビッグデータを活用するのはもちろん、ビッグデータを作り出す企業でもあるからです。

グーグルは2010年までGOOG－411という無料の音声サービスを提供していました。これは日本の「104」番と同じようなサービスで、一言で言えば、アメリカの電話番号案内です。なぜグーグルがそんなサービスを?と思われるかもしれませんが、グーグルはこのサービスを通じて、音声データを入手し、これを蓄積・解析することで、音声認識機能のアルゴリズム改善に役立てようとしていたのです。つまり、グーグルにしてみれば、タダより高いものはないというわけです。

検索エンジンのグーグル自体がそもそもそういう性質のものです。ポケモンGOもダウンロードはタダです。今後、ポケモンGOに基づいた広告があなたのスマホやパソコンのネット画面に登場するかもしれません。いや、もう既に届いているかもしれないのです。

❷ グーグルの次なる戦略は自動運転車での世界制覇

さらに、ポケモンGOをプレイすることで、グーグルは個人情報とは別のビッグデータを得ることができます。より精緻な地図情報です。

グーグルアースは上空からの衛星写真で、ストリートビューは実際に世界中に車を走らせた（時には徒歩で）ものですが、まずその段階で非常に荒いものです。ところが、ポケモンGOではプレイヤーがGPS情報を頼りにありとあらゆる箇所を歩いてくれるので、そのデータを元により細かい地図を描くことができます。しかも、ポケモンが飛び出してくればARでカメラが作動して動画を撮ってくれるので、その画像データも収集できます。

つまり、ストリートビューではグーグルの費用で車を走らせて写真撮影していたものを、プレイヤーが肩代わりしてくれるわけです。しかも、夥しい人海戦術で車では巡りきれないような場所や、公園などの道路外の空間、さらにはGPSが感知できる建物内まで「探査」してくれるというわけです。上空からだと建物の形状までは分かっても、入り口や車受けの方向までは分からなかったものも、人の動態を見ればそれも分かるでしょうし、建物内の写真データから、容積や内部の形状までかなりのところまで分かるはずです。極端な話、撮影したい場所にポケストップを設置すれば、勝手に人が行って写真を撮ってくれるというわけです。

どうしてグーグルはさらなる地図情報が欲しいのでしょうか。一つには、グーグルマップの精緻化があり、それはそれでまたさまざまな利用価値があるでしょうが、私はグーグルの更なる狙いとして、車の自動運転車の実現がそこにあると考えています。

自動運転車の開発は各自動車メーカーが競って開発を急いでいるところですが、グーグルでもこれを行っています。と言っても、グーグルは自動車メーカーではないので、狙いはずばり、自動運転車の車載OSの開発です。自動車産業は生産台数も多く、利益は莫大です。車1台当たりいくらと価格を付けることが出来、またその価格はグーグルの考えでいつでも値上げできるのです。今、グーグルが一番やりたがっているのがこれだと思われます。

●グーグルが進める自動運転車の開発

自動運転車の開発で欠かすことができないのは、一般道までを含めた完全自動運転のソフトウェア（走行アルゴリズム）の開発です。ハンズフリーのレベル3を超えた、ドライバー不要の自動運転が可能なレベル4の自動運転車の実現にはこのソフトウェアが必要です。この走行アルゴリズムの開発にはＡＩ（人工知能）によるディープラーニング（深層学習）という技術が必要です。自動車の運転環境では、高速道路、一般道路、生活道路で環境は大きく異なり、交差点があり、信号があり、歩行者がいて、他の車もいて、またそれが国の交通ルールで異なったり……と、それこそありとあらゆる状況があり、これを自動運転車のソフトウェアは判断しなければいけません。これは人力によるプログラミングなどでは到底不可能で、ディープラーニングを深化させてどんな状況であっても人間より素早く最適な判断を下す人口知能の力と、そのソフトェアを車のコンピューターにダウンロードするＯＳが必要なのです。そしてこのディープラーニングの開発で、ビッグデータの活用が得意なグーグルは他を圧倒しているのです。

●既に繰り返されている走行実験

アメリカのカリフォルニア、テキサス、ワシントン、アリゾナなどの州の公道では、グーグルの特徴的な形をした自動運転のテスト走行車（通称・マウス）34台が実験走行を繰り返していて、２０１６年４月時点で約１５０万マイル（２４０万キロメートル）にも及ぶ走行実験を繰り返しています。同時に、それを基にしたコンピューター上での自動運転車のシミュレーション走行も行っています。

そうして、グーグルではレベル4の自動運転車の実現に向けたデータの蓄積を着々と進めているのです。

もちろん、他の自動車メーカーも黙って見過ごしているわけではありません。自動車メーカーだからこそ得られる、膨大な実験データというものもあります。しかし、そのためには世界中の地図が必要ですが、ただ道路と建物の区割りが書き込まれただけの地図では危なくて使えません。道路工事や一歩通行路、人通りが多い少ない……といった実情を踏まえた独自の地図を作製する必要があります。そしてグーグルでは、走行アルゴリズム開発のための「三次元地図」と呼ばれる詳細な地図情報を独自で開発、実験で活用しているのです。

●道路情報の精緻化

ここまでで言いたいことはお分かりかと思いますが、ポケモンGOで世界中のプレイヤーが歩いてポケモンを探し、ARで現れたポケモンを捕獲、撮影したデータは、この三次元地図の作製に役立っているはずなのです。

もちろん、ポケモンGOは時速10キロメートル以上の速さで動いてしまうと移動距離にカウントされないため、歩行者か自転車でゆっくり走る程度でしかプレイできません。ですが、それだからこそ微細な地図情報が手に入りますし、生活道路としてよく使われている道なのかどうかが分かります。また、プレイはできなくても、自動車に乗っている間も、アプリを起動し続けていれば運転情報も送ってくれるのです。自動運転では歩行者の情報も当然必要なので、これには莫大なデータをもたらします。また、最近は個人のGPS情報が使われるのを嫌ってGPSをオフにしている人が増えていますが、ポケモンGOをプレイしたい人はGPSをオンに切り替えます。また、ポケモンGOをプレイすることで、個人の嗜好性や行動パターンは既に分析されて、およそどういった個人なのかは割り出されてしまっているわけですから、そこから車の保有状況も伺えます。アメリカでは1億ダウンロードでデイリーアクセスが2000万人いて、アメリカの人口は約3億2000万人弱ですから、ざっくりと計算して、自動車保有者の1割ほどのGPS情

グーグルの自動運転車　http://www.google.com/selfdrivingcar/

報は手に入るでしょう。1割の車の移動情報が分かるというのは相当な情報量です。

さらに重要なのは、ポケモンGOを通じて、今までは分からなかったアップルのiPhoneやタブレットの端末利用者、つまりiOSのGPS情報も取れるようになったことです。これまで手が出せなかったところの情報も入るわけですから、これもかなり大きいと思います。

●最終目標はOSの開発か

将来的には、グーグル車載OSで動く自動運転のソフトウェアが、カーナビのように車に搭載されるといったイメージなのかと思います。そしてグーグルの自動運転システムが自動運転車のプラットフォームになり、そこで提供されるソフトウェアがデファクトになって、すべての自動運転車に搭載されるようになる。そういった戦略を描いているのだと思います。

地図情報というのは軍事戦略上いつでも極秘情報扱いされるものです。グーグルの自動運転車の世界戦略の上では、ポケモンＧＯは地図情報という、グーグルが地政学的な勝利を得るために重要な意味を持つものなのです。

コラム

上場企業社長が語るポケモンGO ③
アライドアーキテクツ　中村壮秀社長

ソーシャルメディアを使った企業のマーケティング企画、運用、分析等を支援。広告事業も。

私自身はポケモンGOはプレイしていません。しかし、小学生の子供が親のスマホを借りてけっこうやっています。それから、子供にせがまれてポケモンのいそうな公園などに出掛けることが多くなりました。また、どこかへ連れて行ってもスマホをいじってはポケモンを捕まえていますね。

◇

ポケモンGOのヒットは、まさにSNSを通しての口コミの拡散がきっかけとなりました。その中でも、写真や動画の効果が大きかった。ポケモンと一緒に写った自撮り画像や、レアポケモンを探して多くのユーザーが集まっている動画などが数多く投稿されました。これが次々に拡散されて、大ヒットにつながったと思います。会社は、ソーシャルメディアを使った企業への企画、運用、分析等の支援を行っているので、ポケモン

GOのヒットによってSNSを通じた口コミの拡散する力が、企業のマーケティング担当に分かってもらったことが自分の会社にとっては大きなフォローの風になると考えています。

◇

今後はポケモンGOで使われていたAR技術の利用が流行するのではないかと思います。例えば、韓国発のスマホアプリの「SNOW」は、スマホで撮影した動画に、顔人称技術、AR技術を使って、「猫耳」や「ひげ」などを、付け加えることができるサービスです。有名人がけっこう使っていたこともあって、特に若い女性の間で大流行となっています。また、ポケモンGOはARと位置情報サービスを組み合わせてできたゲームですが、同じ組み合わせで、企業のマーケティング施策が考えられそうです。これにSNSを組み合わせてのマーケティング施策を今後作り出して、企業に提供していければと考えています。

第6章

ポケモンGOが株式市場に与えた影響

① 任天堂（7974）

7月6日木曜にアメリカとニュージーランド、オーストラリアで配信された直後から、アップストアのダウンロード数ランキング1位になり、販売高もナンバーワンになったというニュースが7日夜から翌8日の朝までには伝わってきました。そして、そのニュースを見て寄り付きから買われました。朝方から買い気配でスタートし、さらに高値を追ったものの、結局は最初の値より少し下げて終わりました。これが、7月8日の最初の株価の動きでした。

この段階ではアップストアでナンバーワンになったというニュースを聞いても、ポケモンGOというのはよく知られておらず、何がどうすごいのかは分からないままでした。なにかスマホアプリで良いものが出たらしいという程度で、「これはすごく売れるだろう」、「日本に来たらどうなるか」などといった思惑含みの好感触と言った反応でした。その程度の認識でしたので、出来高も多いことは多いですが、それほど膨らんでいません。前日から少し膨らんでいるのを見ると、分かっている人は分かっているという程度でした。

そして金曜日が引けた後、金土日と3日間あったので、そこでアメリカでは社会現象にまでなっているという大きなニュースとして伝わってきました。ポケモンＧＯというのは単純なスマホゲームの一つというだけでなく、社会現象であるという認識が月曜日の朝の段階ではなされています。

当然、月曜日は買い気配でスタートし、その後も値を下げることなく高値引きしています。そこからは19日の火曜日の終値まで3万1770円までとんでもなく駆け上がっています。7月7日の引け値が1万4935円ですから、途中では押し目を入れながらですが、2倍以上まで駆け上がりました。これは明らかにポケモンＧＯが社会現象になって、「すごいことになるぞ」と夢が夢を呼んで膨らんでいった状態です。

そこから少し冷えたところで22日金曜日の10時過ぎに日本で配信が開始され、再度上値を追いに行きましたが、3万円にまでは届かずに、終値2万8220円で取引を終えています。というのが22日金曜日の状態でした。

ただここで出てきたニュースとして、22日金曜日の夕方19時に任天堂がプレスリリースを出したというニュースが入ります。

そこで彼らが言ったのが、「(ポケモンＧＯが）当期の連結業績に与える影響は限定的です」というものでした。そこにはポケモンＧＯプラスを出すことも織り込み済みとありました。足元の収益貢献について否定的な内容のリリースだったため、そこから株価は急落

FASF

各　位

平成28年7月22日

上場会社名	任天堂株式会社
代表者	代表取締役社長　君島　達己
(コード番号	7974)
問合せ先責任者	経営統括本部副本部長　武永　豊
(TEL	075-662-9600)

『Pokémon GO』の配信による当社の連結業績予想への影響について

本日、米国法人Niantic, Inc.は、日本でもスマートデバイス向けアプリ『Pokémon GO』を配信開始しました。

当アプリは、米国法人Niantic, Inc.が開発を行い配信しており、当社の関連会社である株式会社ポケモンは、ポケットモンスターの権利保有者としてライセンス料及び開発運営協力に伴う対価を受け取ります。

なお、株式会社ポケモンは、当社が議決権の32%を保有する持分法適用関連会社であるため、当社の連結業績に与える影響は限定的です。

また、当社は、今後、当アプリと連動する周辺機器『Pokémon GO Plus』の製造及び販売を予定しております。

これらは、既に平成28年4月27日に公表しました当社連結業績予想に織り込み済みです。直近の状況を鑑みても、現時点では、当業績予想の修正は行いません。今後、業績予想の修正が必要になった場合には、適時開示を行います。

以　上

任天堂リリース

します。
もともと27日に任天堂は決算発表予定でした。マーケットの見方としては、任天堂は非常に保守的なあまり株価を煽らない企業なので、そこでは否定的な見解が出るのではないかと見られていました。そういった予想はあったものの、日本で配信が開始された当日夜のリリースというタイミングだったため、急激に落ちたわけです。そしてそこから下げに転じたという流れです。

この辺りでは各社がアナリストレポートで、3万3000円から1万5000円までの予想株価を出していました。ですから、強弱感は非常に対立していました。

そこから8月頭辺りの2万1000円前後まで一回下がり、警戒感が高まり、その後大きな値動きを見せていない、というのが株価の推移です。

値動きをまとめると、一番最初にダウンロードランキング1位になったというニュースが入り、詳細は不明ながら買いが入り、週末に社会現象にまでなっているというニュースが入ったことで、もう一段の上昇相場となり、そこからは爆発的に上げていった。というのが任天堂の値動きの形です。天井をつけてからは下げに入りますが、27日にさらに一段下げているのは、ポケモンGOプラスの発売が7月中から9月中に延期になったという発表があった影響だと思います。

任天堂の過去の株価を見てみた場合ファミコンやスーパーファミコン、Ｗｉｉの発売などで過去何度か大相場を作っています。そして相場を作る際には、３０００円の株価が2万５０００円になったり、４５００円が2万６０００円になったりしています。史上最高値になったのはＷｉｉが発売された、いわゆるＷｉｉ相場の時で、８０００円の株価が7万円になっていて、それだけ駆け上がっています。

そこでは夢が夢を生んで、大きく駆け上がるわけですが、任天堂というのはそういう銘柄なのです。２０１5年3月辺りも株価が1万１０００円から2万６０００円に上昇していますが、これはＤｅＮＡとの提携があったからです。業績が良くなったわけではないのですが、やはり夢が夢を呼んでいるわけです。

ですから、今回はポケモンＧＯという好材料があり、今後「どうぶつの森」、「ファイアーエムブレム」のスマホソフトがリリースされ、さらには「ＮＸ」の発売という好材料が揃っているにもかかわらずわずか2倍強の高値を付けて終わったというのは、過去は数倍の高値まで駆け上がっていることを考えればあり得ないかもしれません。従って、今回は過去の高値を超える可能性すらあり、まだ強気にとらえていていいのではないかと思います。

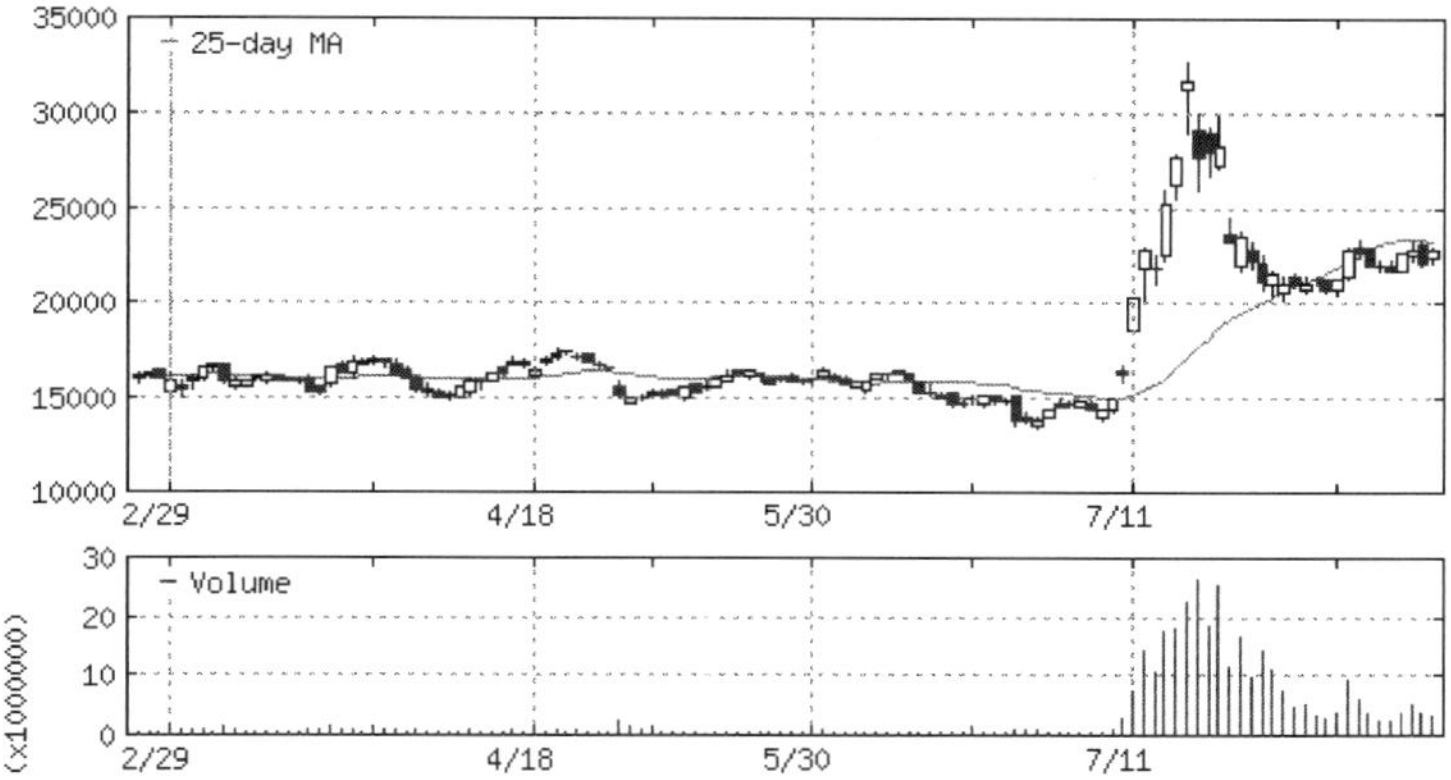

［任天堂（7974）］

今までの任天堂はゲーム機の会社でした。今後は、キャラクターＩＰの会社に変わっていくでしょう。そのＩＰの活用として、一つはゲームというものがあるのです。

任天堂は海外展開しているので、為替相場の影響が出るのは仕方がないので、円高ドル安は逆風ですが、会社の方向性自体を変えてきているので、巨大なキャラクター会社としての評価が見いだされ、定着してくると思います。

② サノヤスホールディングス（7022）

実はこの会社はもともと造船業の会社です。なのですが、レジャー事業も展開しています。このレジャー産業を行う子会社にサノヤスインタラクションズという会社があって、メインは観覧車やジェットコースターの製造・販売ですが、大阪の万博記念公園内でポケモンＥＸＰＯジムというものの運営もしています。

ジムといっても人間が体を鍛えるジムではなくて、ゲームのポケモンを鍛えるためのジムだそうです。「ポケモンＥＸＰＯジムメンバーズカード」というのが入場券みたいなもので、これを５００円で購入すると中に入れて、追加で数百円払うと施設が利用できるという仕組みです。敷地もとても広いとは言えません。

実は、この会社とポケモンの関連はこれだけです。ですが、ポケモンＧＯ人気で株価が反応をしています。と言っても、任天堂株がアメリカなどでポケモンＧＯの配信が始まった翌々日の７月８日から株価が上がり始めましたが、この会社の株価はそれまでは以前と同じ１５０～１６０円のままでしたが、そこからさらに遅れた７月12日に２１８円、13日に２７７円と、少し上がったところから任天堂と同じように上がり続けています。これは、この７月17日辺りに誰かが「ポケモンジムをやっている。ポケモン関連株だ」と言い

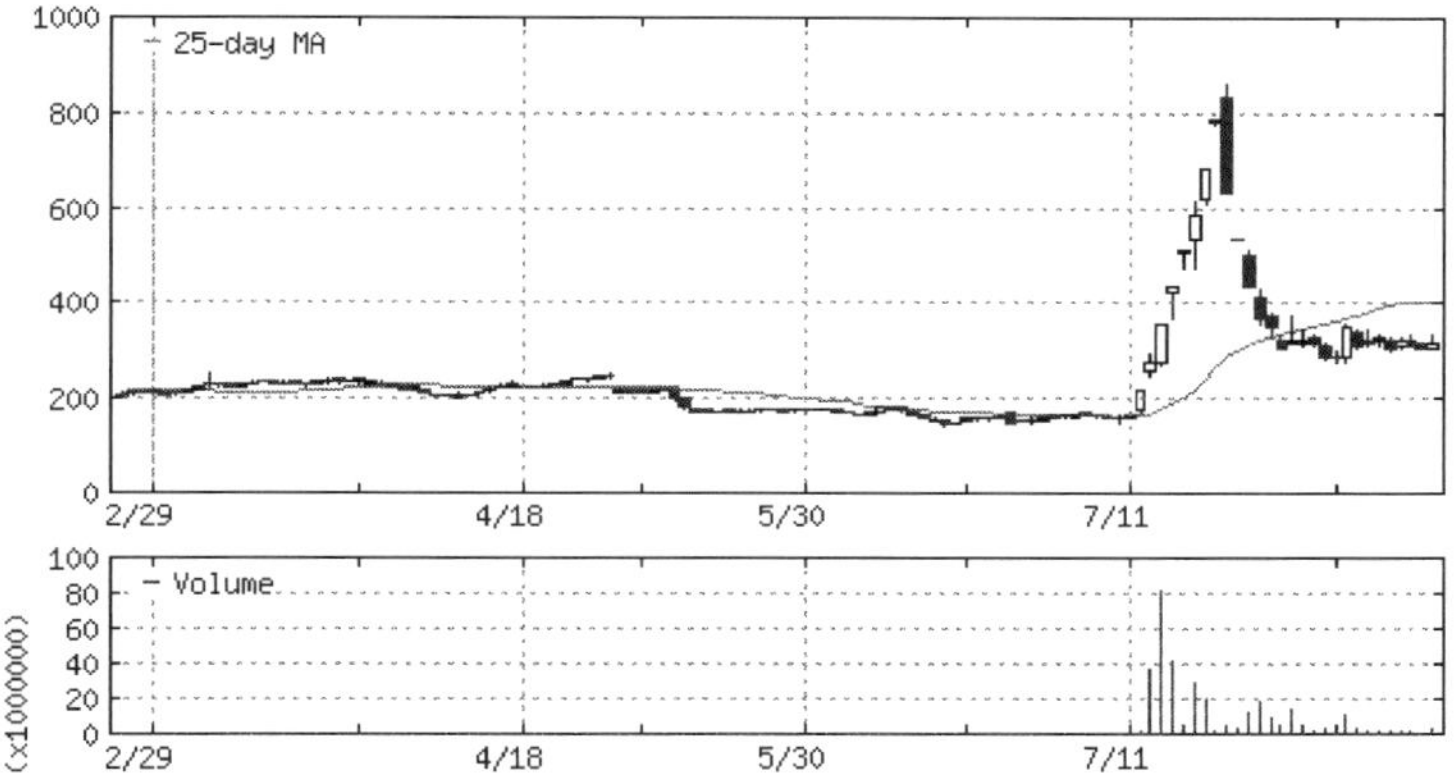

［サノヤスホールディングス（7022）］

出したからに違いありません。

株価の面白いところは、誰かが気付くか気付かないか、言うか言わないか。それだけで変わってしまうということです。そうすると株価がここまで駆け上がるんです。１６０円だった株価が、日本の配信がスタートした7月22日には最高値では８６５円までつけています。終値ベースの最高額で７８７まで上げているので、およそ5倍の株価となったわけです。

ですが最高値を付けた辺りからストップ安が続いて、そこから３００円まで暴落し、一時２７０円台まで下げてから、7月後半から8月に入っては３００円と少し辺りで安定しています。

チャートの動きとしては、任天堂より少し

後に反応して、崩れたのは一緒で、崩れた後で少し持ち直しているのも一緒というように、ほとんど同じ動きを示しています。値動きだけ見れば立派なポケモン関連株ですね。ですが、ジムをやっていただけで基本的にもともと関連があるわけではなく、ＰＥＲも任天堂のＰＥＲ89に対してＰＥＲ１００なので割高です。

売り上げを見ても、造船事業で約３４７億円の売り上げがあり、レジャー事業は約39億円。その中でも観覧車やジェットコースターなど規模の大きい事業をやっている中のジムですから、ほとんどないに等しいでしょう。

ポケモン関連株というのはいくつかありますが、このサノヤスなどはあだ花の一つと言っていいでしょう。それでも5倍まで吊り上がったのですから、ポケモンＧＯ関連株の勢いがいかにすごかったかということが分かります。逆に言えば、早く気が付くことが出来れば大儲けできたのです。

3 イマジカ・ロボット・ホールディングス（6879）

サノヤスとこの会社の2銘柄が、任天堂やポケモンＧＯとはほとんど何も関係がないにも関わらず、ポケモン関連株とされて株価が吊り上がってしまった会社です。

このイマジカはイマジカとロボットという映像会社が一つになった会社ですが、この会社の子会社にオー・エル・エム（ＯＬＭ）というアニメーション制作会社があります。そしてこの会社が、ポケモンや妖怪ウォッチを作っていました。

あとはサノヤスと同じです。それまでは４００円台だった株価が、7月14日から少し反応を示して７００円を付けたと思ったら、7月19日には急激に上がって９００円台。7月22日は終値でピークの１３２０円まで上がっています。また、そこから急落して一気に６００円台まで下げたのも同じです。そこからは上げる前の４００円台から６００円台で持っているところなどもやはりよく似ています。

ここもサノヤスと同じで、誰かが「子会社でポケモンのアニメを制作しているのでポケモン関連株だ」と言い出したのでしょう。

この会社の時価総額は約２６７億円で決して大きい会社ではありません。サノヤスの時価総額はポケモンＧＯ関連で株価が上がるまでは約50億円。40億円以上が基準の東証１部

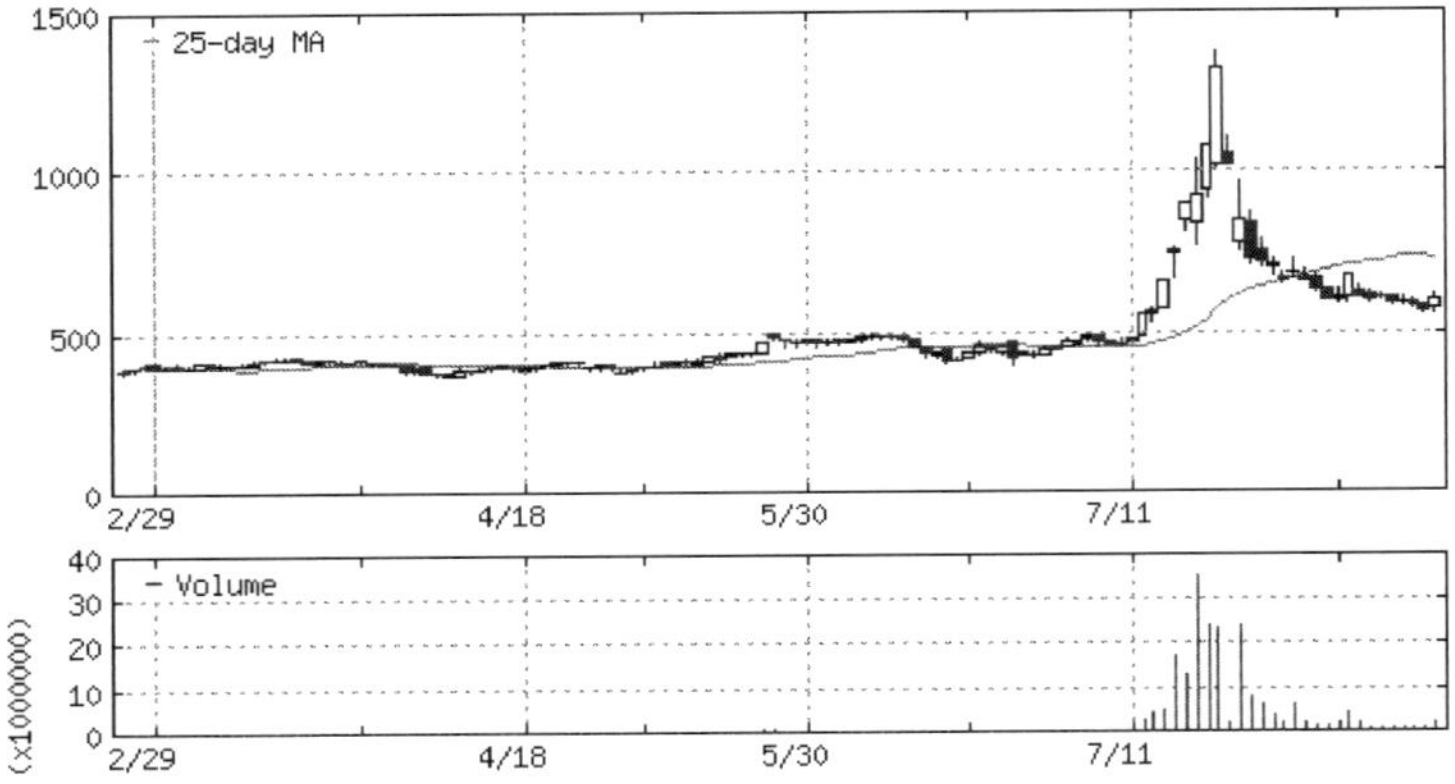

[イマジカ・ロボット・ホールディングス(6879)]

ではほぼ最小の会社規模です。サノヤスほど小さくはありませんが、会社規模が小さいと、誰かが言った言わないで株価が大きく変わるというのをこの2社は示しています。

サノヤスとイマジカが大きく上がった理由はもう一つあって、最後に強烈な上げを見せた背景として信用取引があったということです。初期の急上昇した局面で株価が下がると思って強烈な空売りが入ったんですが、信用で売り残が買い残を上回って逆日歩がかかるようになったので、空売りに入った人が買い戻したのです。信用取引ができる銘柄で駆け上がるものは最後は空売りの買い戻しで急激に上げるものなのですが、この銘柄もそれによって急に上げました。

では今後はどうかと言えば、アニメ制作に携わっているだけですので、ポケモンＧＯ人気の恩恵を受ける会社とは言えないと思います。アニメ制作の製作費ですから上限もあるでしょうし、ポケモンのアニメはそれこそ数多く存在しているので、今後さらに増えるとは思えません。そういう意味ではこの会社の株価上昇もあだ花だったと言えるでしょう。

4 タカラトミー（7867）

玩具大手企業のタカラトミーですが、「プラレール」、「トミカ」など男子玩具に強みを持つトミーが、「リカちゃん」など女子玩具に強みがあったタカラを2006年に吸収合併して誕生した企業です。

ポケモンGOでポケストップからゲットした卵を孵化させるには、時速10キロメートル以下で2キロないしは5キロ、10キロ移動する必要があります。ところがそんなに歩きたくない、あるいは、裏技で早く孵化させたいと考えたプレイヤーが、プラレールの貨物車にスマホを載せて動かせば移動距離を稼げると言い出して、その様子を写した動画までがネット上にアップされました。しかし、狭いところをグルグル回っていたのでは、GPSでは、移動したと認識して拾ってくれないので、この方法だと長い距離のレールを買う必要があります。本当にレールを買いにいったプレイヤーがいたかどうかは分かりませんが、それでプラレールの売り上げが増えれば、タカラトミーとしてはしめたものです。

という話があり、「そんなバカな」という話にもかかわらず、やはりマーケットではポケモンGO関連銘柄としてこの会社の株価も動きました。実は藤本も四季報オンラインの連載コラムで、ポケモンGO関連銘柄として、ご紹介させていただきました。

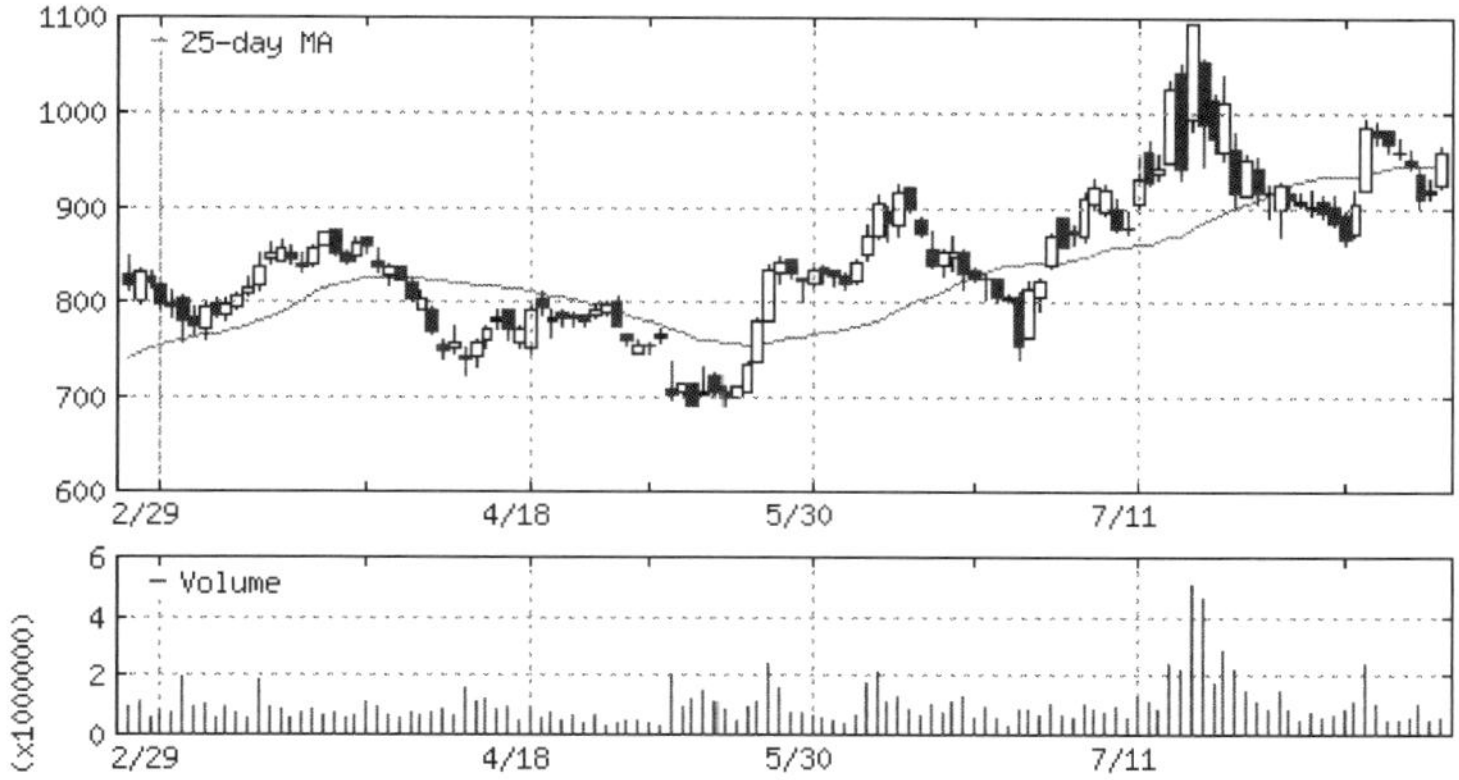

［タカラトミー（7867）］

それまで900円前後だった株価が、やはり少しずつ上げ始めて、7月19日の火曜日には出来高も膨らんで1093円まで上げています。天井をつけたその後は急落して、その後持ち直すといった動きもまったく同じです。もともと900円ほどあった株価が1100円くらいまで上げただけなので、値幅は小さいですが、チャートの動きとしてはきれいに一致しています。

ポケモンのプラレールも売り出しているようですが、さすがに今回はそれ以上の材料もないので上げ幅は小さく終わったようです。

5 アキレス（5142）、エービーシー・マート（2670）

運動靴の大手企業で、学童靴の「瞬足」が有名です。

ポケモンGOは歩くことが重要です。この銘柄を挙げた理由は単純で、歩けば靴底が減るから靴が買われるだろうということです。その中でも、「瞬足」があるアキレスがポケモン関連株と言えるだろうということです。

実際の株価を見てみると、それまでほぼ125円に張り付いていた株価が、やはり7月の22日前から少しずつ上昇し、19日の火曜日の143円の高値をつけてからそこで終わっています。

それ以前の株価を見ると2016年3月以降、だらだらと株価が下落していたのでその反動といったこともあったでしょう。しかし、7月の株価の動きを見れば、これまでのポケモン関連株とチャートの動きは同じ形を示しています。ここ1年間で見ても出来高が集中していることが分かります。期待値が高まったのは事実でしょう。でも、そんなにすぐ靴が減るわけではありません。期待値がすぐにしぼんでしまったケースと言えるかもしれません。

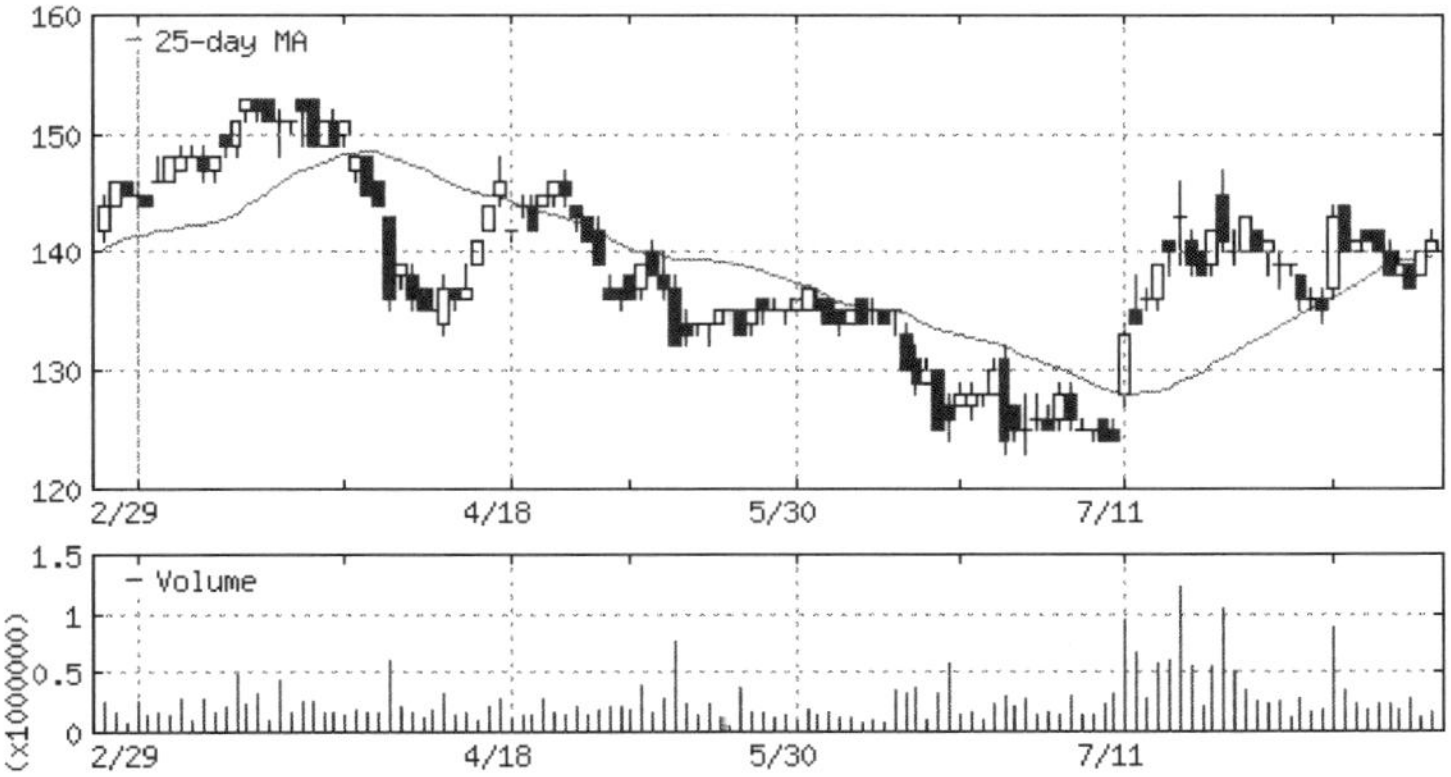

[アキレス(5142)]

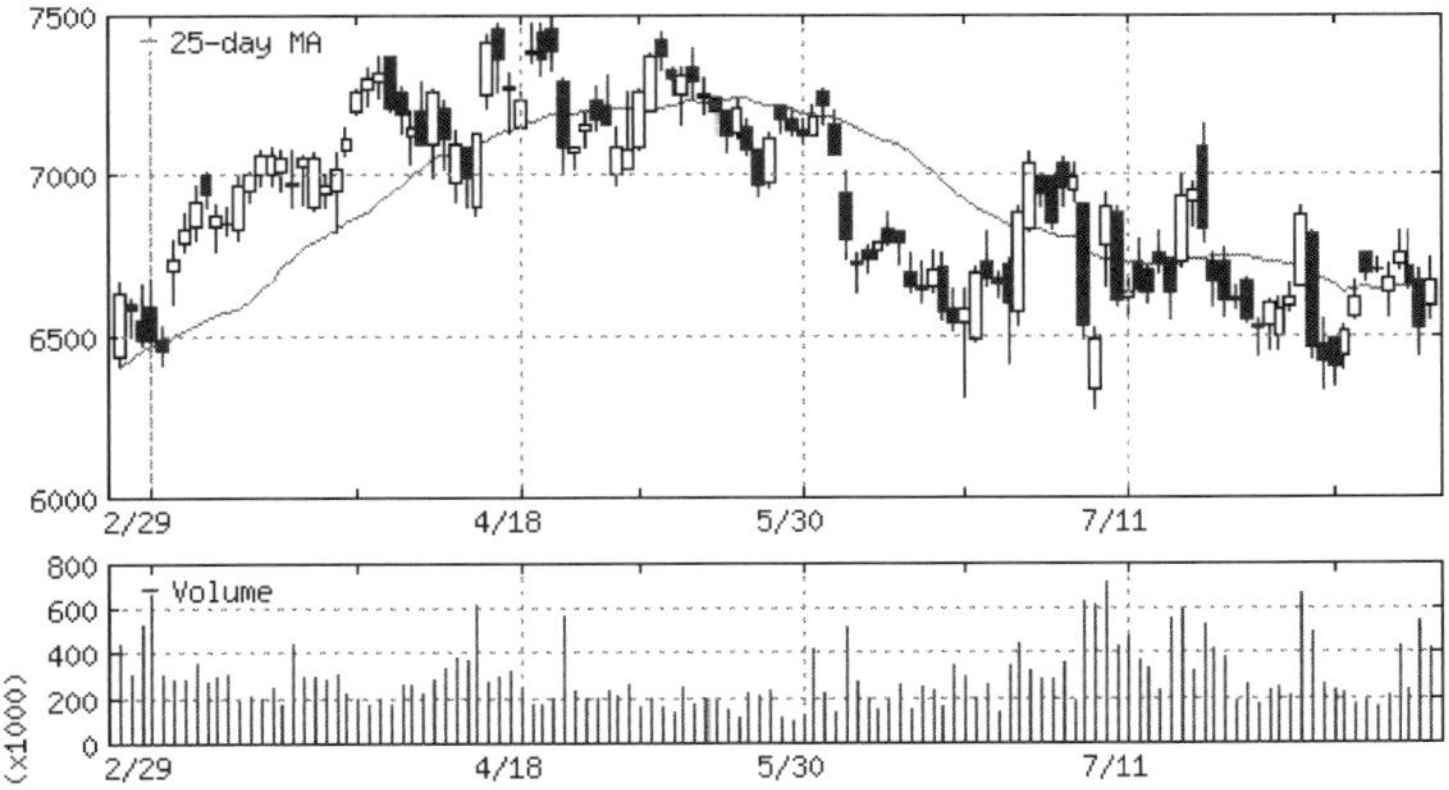

[エービーシー・マート(2670)]

ポケモンだから子供で、だから「瞬足」のアキレスという連想ゲームでの期待値なのでしょうが、ポケモンGOと靴関連銘柄ということで言えば、むしろ長い目で見てエービーシー・マートの方に着目すべきかもしれません。実際には大人の方がよくプレイしています。エービーシー・マートもやはり同じこの時期に株価を上げています。

6 メルコホールディングス（6676）、エレコム（6750）、アイ・オー・データ機器（6916）

メルコホールディングスはＰＣ周辺機器のバッファローを傘下に持つ無線ＬＡＮ上位の会社ですが、７月21日に２４６６円だった株価が、22日には急に２００円上がって２６５３円を付けています。週末を挟んだ25日の月曜日は再び２４００円台に落ち込みますが、そこからずるずると上がって29日には２９２９円をつけています。

他のポケモン関連銘柄は22日の日本配信直前から上がる反応を示していましたが、この銘柄は配信以後で、少し上がるタイミングが後ろにずれています。22日に急騰した理由は、配信がスタートしていざプレイしてみたら、スマホの電池がすぐ無くなるということに気付いたからです。それでなぜこの銘柄に注目が集まったかと言うと、メルコは傘下のバッファローブランドでモバイルバッテリーを売っているので、これが売れると気付いたからです。そこから２７００円を境に下回り気味ではありますが、基本、堅調な株価を維持しています。

この銘柄が上げたのはやはりモバイルバッテリーでしょう。他にもＷｉＦｉ関連機器があるので、少しプラスに貢献しているかもしれません。

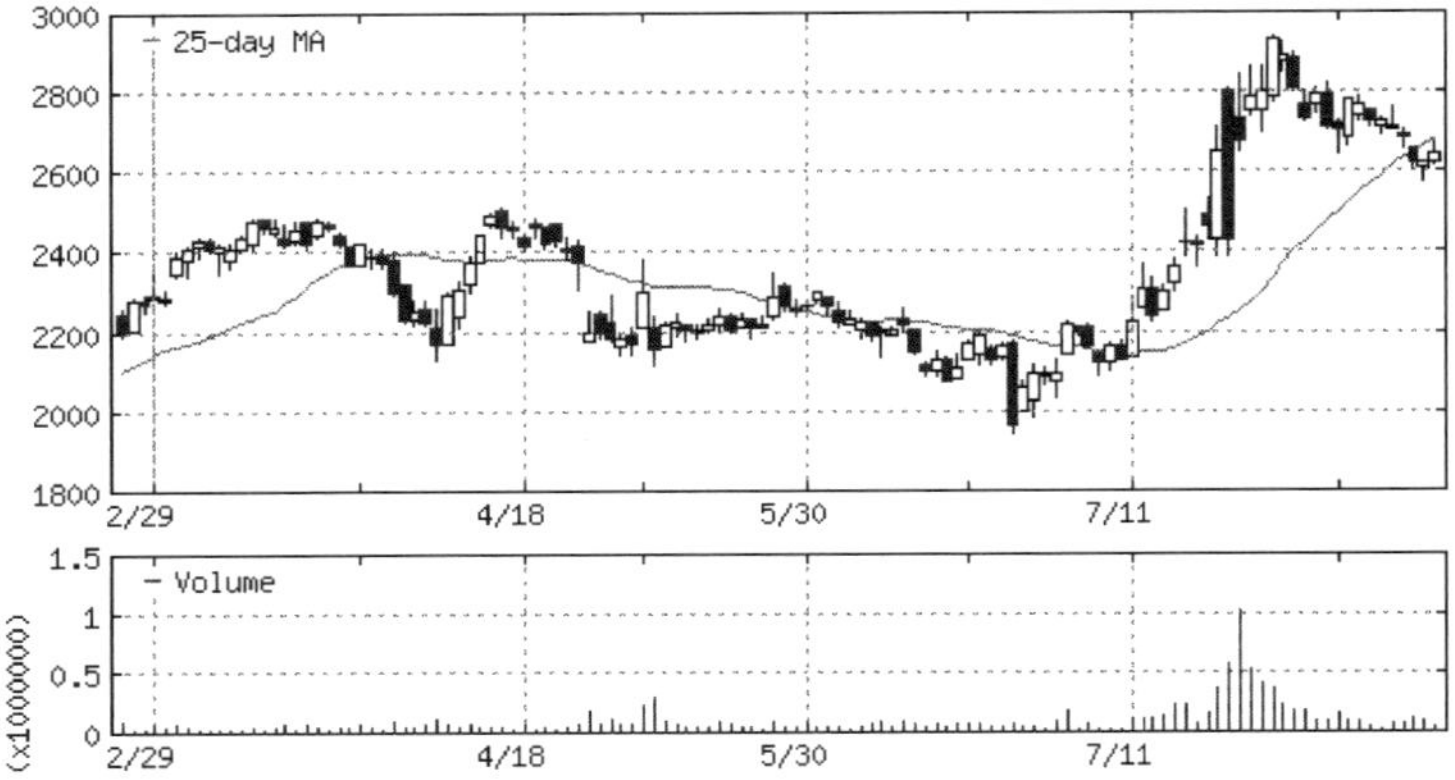

[メルコホールディングス(6676)]

同じ関連で言えば、エレコムもPC周辺機器の会社で、やはり7月22日、25日は急激に上げています。同じくPC周辺機器のアイ・オー・データ機器もまったく同じで7月22日、25日は急激に上げています。どれも配信の直後に動いているので、やはり皆が気付いたことで、投資家が飛びついたということでしょう。

このモバイルバッテリー絡みのところは、実際に売上高も上がったでしょうし、在庫もはけて良かったはずです。それまでは、スマホの性能が良くなってバッテリーの保ちも良くなったのでモバイルバッテリーは余っていたようです。そこに神風が吹いたように、在庫の一斉処分ができたわけです。

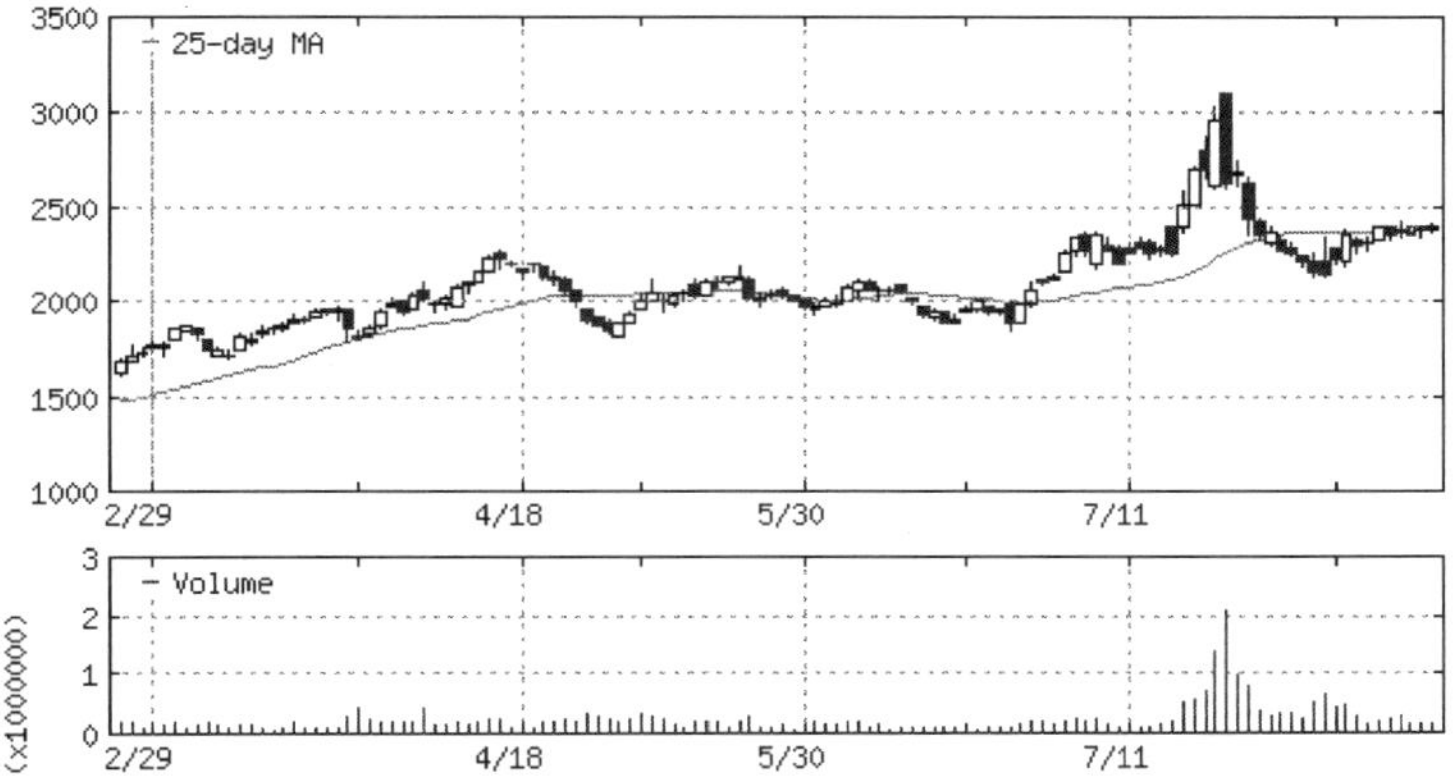

［エレコム（6750）］

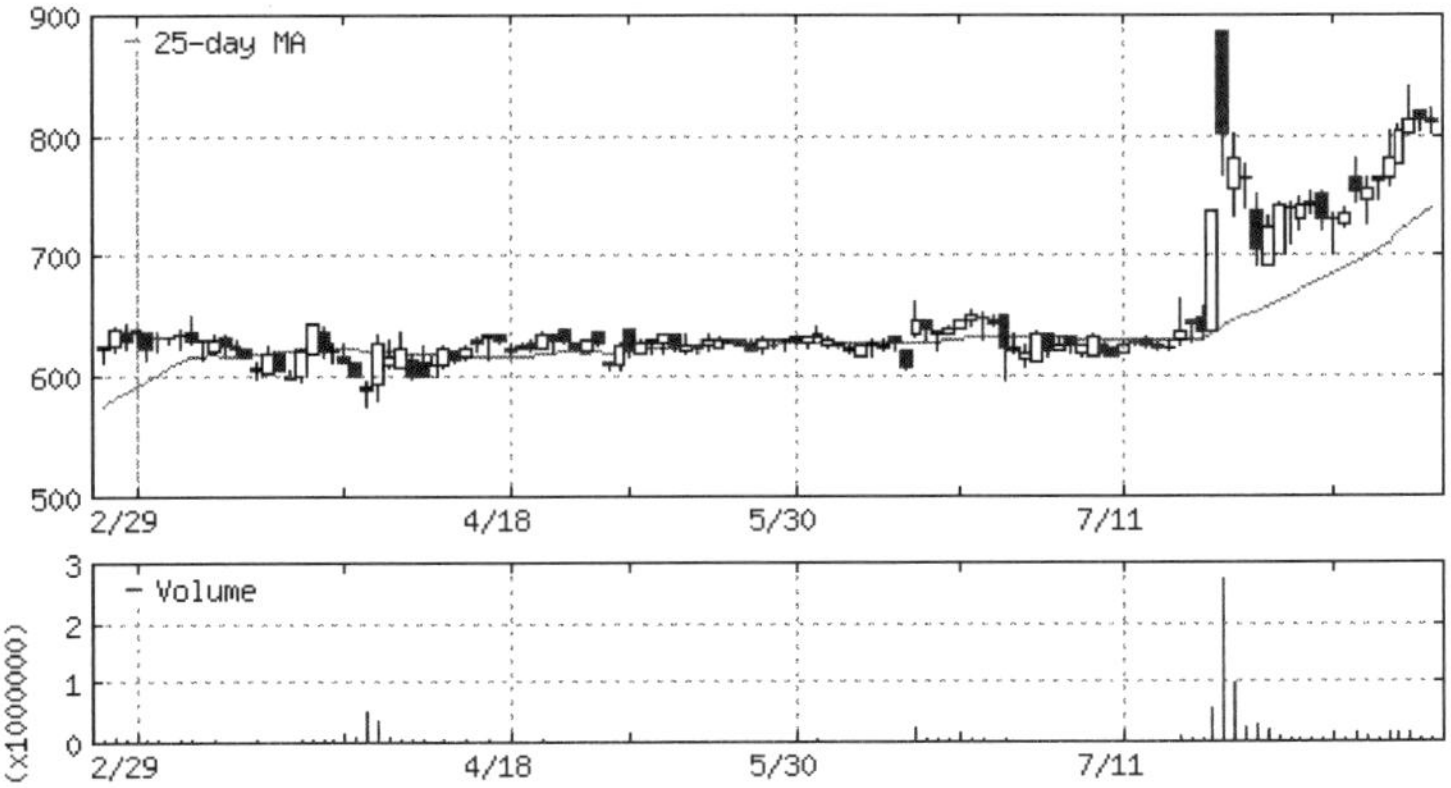

［アイ・オー・データ機器（6916）］

7 パシフィックネット（3021）

パシフィックネットは中古PC販売、引き取りや回収に、中古携帯販売も行う会社ですが、これはポケモン関連銘柄としてはほぼ瞬間的な株価変動でした。

チャートを見れば、7月22日が504円、25日に急に上げて604円、26日には再び下げて520円となっていますが、この会社は7月25日にある発表を行いました。何を発表したかというと、「ポケモンGOコーナーを全店舗に設置」というものでした。そして、中古スマホやバッテリーを販売するのですが、同時に「ポケモンGOの画面を見せると受けられるスマホ無料充電サービスも開始」というものでした。だから、特に何をしたわけではなく、発表したということです。

中古スマホの販売というのは、ポケモンGOだと電池消費が激しくて肝心な通話などの用途に使えなくなってしまうので、中古スマホで格安シムのポケモンGO専用スマホを作ってみてはいかがですか、ということです。そして大容量のモバイルバッテリーを購入すれば、長時間ポケモンGOができますよ、ということです。

このリリースは場中に出たのですが、ブームのさなかにこういうリリースを出すと株価が化けることもあるということです。そうしたら、100円上がってストップ高のまま引

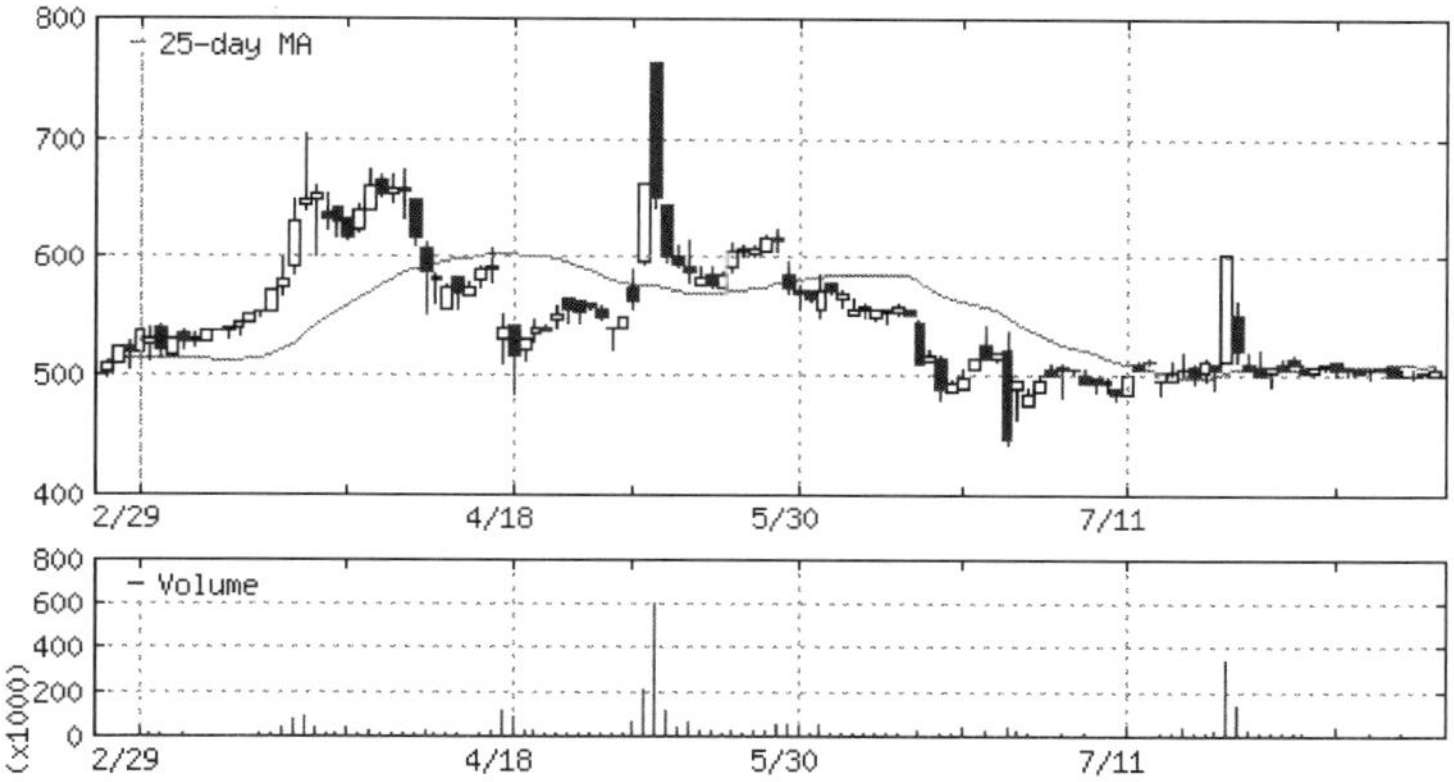

[パシフィックネット(3021)]

けたわけです。ところが翌日には売り気配からスタートして戻ってしまいました。それほど投資家を引き付けるものではなかったのだと思います。

要はタイミングということでしょうか。この会社も時価総額が小さいからこれだけ上がったわけですが。

8 ミクシィ（2121）

今までは基本的にプラスになった銘柄ですが、このミクシィは下げた銘柄です。それまでの4200～4300円台だったものが、ポケモンGOのリリースが近づくにつれて4000円台を割り込んで、リリース前後には3500円台まで下げています。その後、8月5日は3820円まで戻していますが、同日の決算発表後の週末を挟んだ翌週は3300円台まで下げています。

これはやはりポケモンGOで時間を取られるということで、ミクシィはモンスト、ガンホーはパズドラですが、スマホゲームの利用が減るんじゃないかという市場の見立てです。決算発表の場でミクシィの森田仁基社長がポケモンGOは「ほぼ影響なし」と説明して売上高は落ちていないとリリースはしているのですが、果たして本当だろうかという否定的な見方が多いということです。また、現時点で影響が感じられないとしても、今後徐々にユーザーを取られて行くんじゃないかという評価ですね。

また、今後はポケモンGO以外の位置情報ゲームも出てくるでしょうから、やはりそこが人気となれば、いま人気のものが落ちる可能性がある。その場合、現在のスマホゲームのトップ2がモンストでありパズドラであるわけなので、とりわけそこがきついのではな

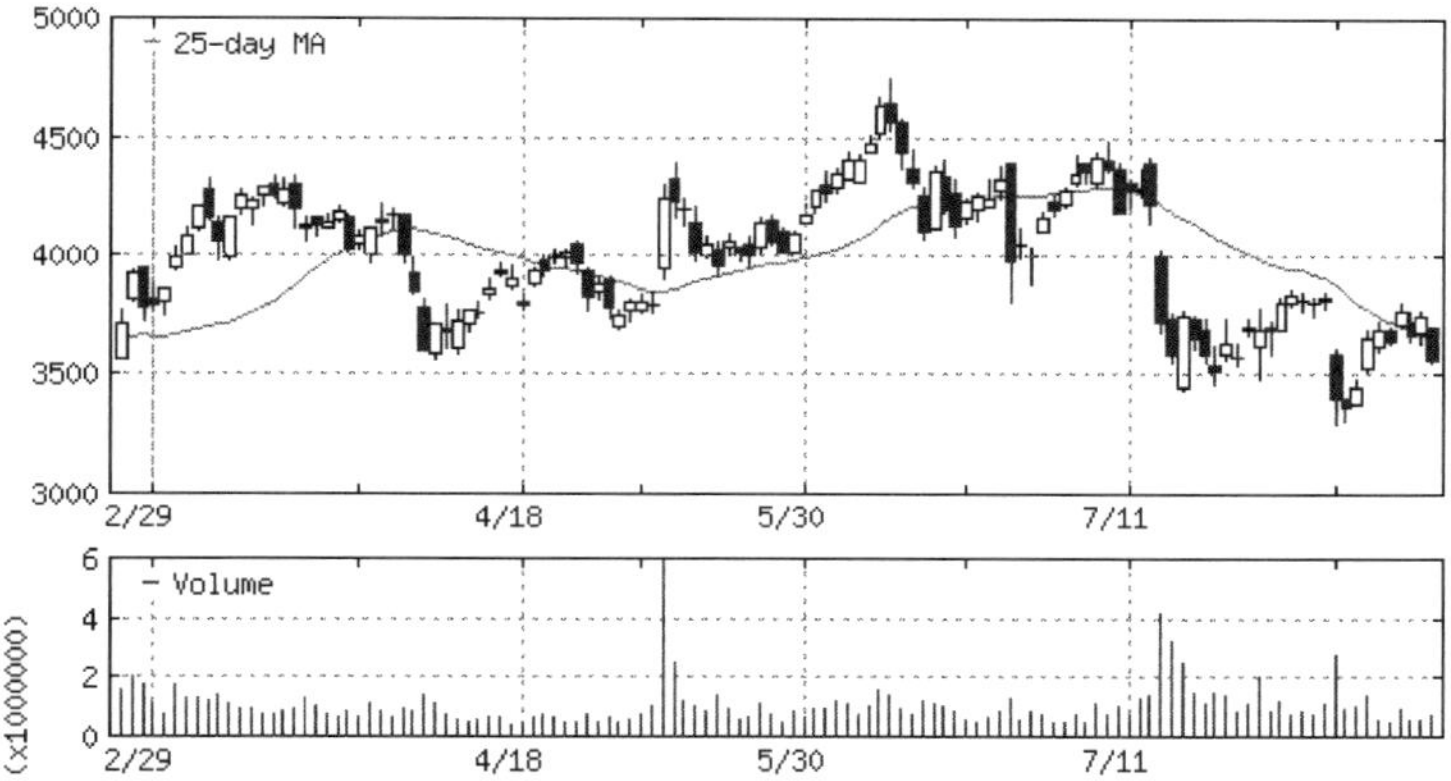

［ミクシィ（2121）］

いかということです。ミクシィにしてもガンホーにしてもどちらも市場の評価は良くありません。ミクシィの売り上げを見ても、94%はエンターテインメントで、以前のプラットフォームであるミクシィは6%しかありません。そのエンターテインメントのほとんどがモンストでしょうから、モンストでもっている会社なんです。他のゲームが何かヒットすれば別ですが、今のままでは不安視されるのも当然と言えます。

　ミクシィがモンストをリリースするのは2013年10月ですが、その10月8日には株価212円で最安値をつけています。それが突如1000円を越えて、そこから1000万ダウンロード2000万ダウンロードとなって、14年11月6には6970円の最高値と駆け上がっていきました。そこから上げ下げを繰り返しながら、実際の収益は上がっています。13年3月期が123億円の売り上げで、利益が25億、14年3月期には赤字にまで転落したのが、15年3月期には売上高10倍の1120億円、利益200倍の520億円になっています。16年も倍増の2080億円、利益も倍近くの95億円です。

会社自体は儲かっているので、何か急激にダメになるというわけではないのでしょうが、どう考えても1本足打法で足元から崩れていきかねない。正直、ピークも過ぎた。そんな風にマーケットは見ているわけです。

9 ガンホー・オンライン・エンターテイメント（3765）

ガンホーもミクシィと同じです。7月12、13日に300円を越して以来、日本でのポケモンGOのリリースが近づくのを待つかのようにして7月は7月29日の233円までずっと下げ続けています。その後持ち直して、8月からは260円台に張り付いています。

この銘柄は何分割もしているので、パズドラリリース前の株価は10円台なのでなんとも言えませんが、アンドロイド版のパズドラが2012年9月にリリースされて以後、13年に入るとみるみる株価は急上昇し、5月14日に最高値の1633円をつけているので100倍を超えています。

この銘柄もパズドラ前とパズドラ以後で極端に違っていて、まるで会社が変わったかのようです。12年12月期が258億円の売り上げで利益が93億円ですから、この時でも悪くない会社でしたが、パズドラが当たってからはそれぞれ1630億円、900億円で儲かっています。

この2銘柄は、「次のパズドラ次のモンストが」と言われ続けていますが、なかなか当たるゲームを見出すのは難しいでしょう。何年かすると出てくるかもしれませんが、今のままではポケモンGOに少しずつ食われていくのではないでしょうか。

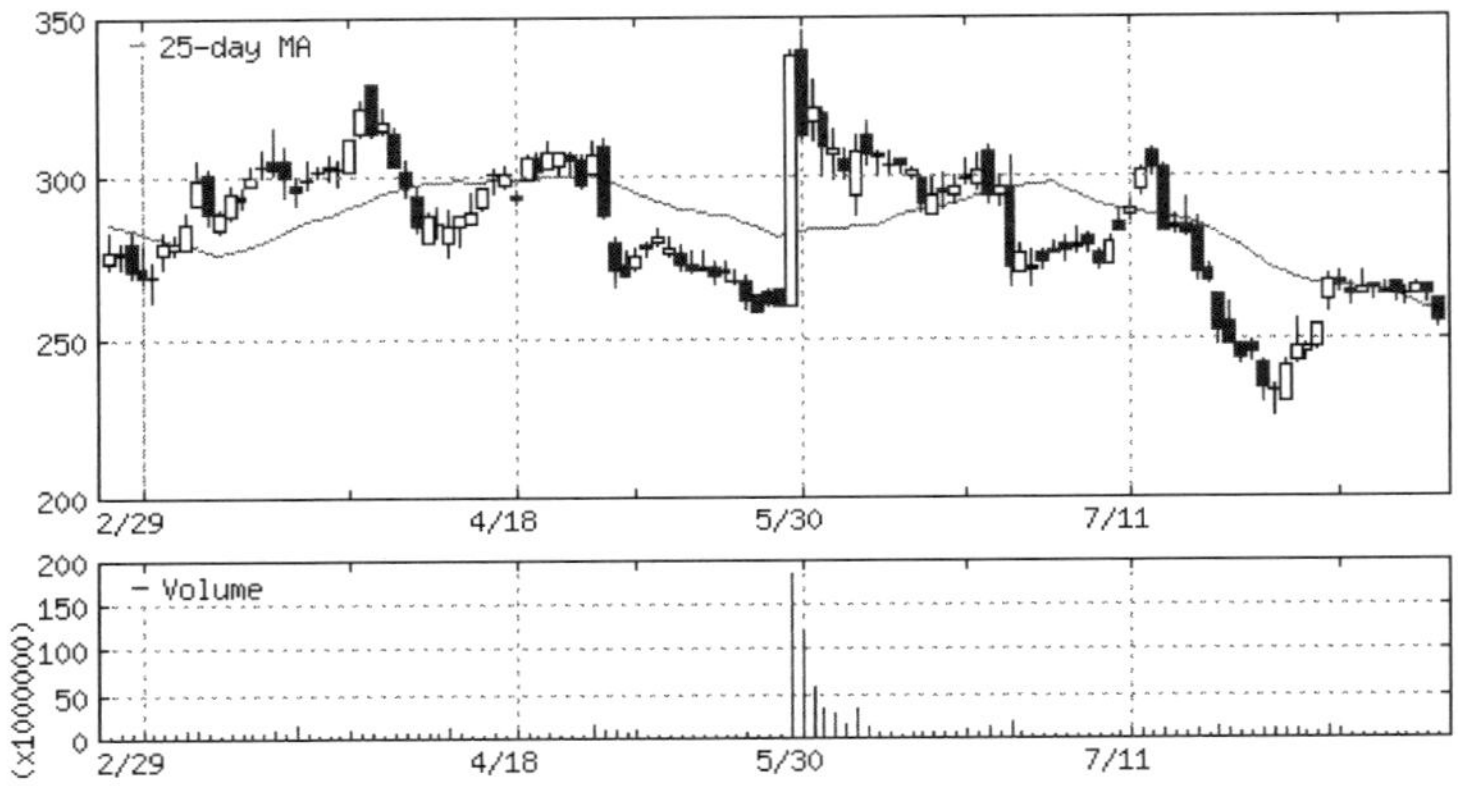

［ガンホー（3765）］

パズドラやモンストがなぜこれだけの収益を得ているかと言えば、高課金の人に支えられているからです。ゲームにどっぷり浸かって、今までたくさんのお金を使った人はなかなかそこから抜けられないのです。止めてしまったら終わりだからです。お金を使った以上はムダにはしたくないわけです。

ここまで売り上げが大きくなると、当然、収益も上がるわけです。それでその収益をどう使うかと言えば、他のキャラクターを借りてきてコラボをやるわけです。コラボをやると今までパズドラをやっていなかった人がダウンロードをするようになります。すると、そういった人の一定数がリピーターになるわけです。会社側としてはそこが分かっているんですね。そういったフックをいかに作るかが会社としては重要になってきます。コラボを持ちかけられる側も、モンストとパズドラはキラーコンテンツですから、コラボの交渉も上手くいくわけです。超高課金者がいるので、いまさら初心者向けにゲームの方向性を変えることはできない。それでも人気は落ちない。落とさない努力をしているわけです。ＣＭを打てばまた一定数のプレイヤーもつかめます。

日本のスマホゲーム自体、こういったちょっと特殊な状況で運営が維持されています。だから会社側としては、ポケモンＧＯとは違う世界のゲームだから影響ないと説明するのですが、今後、緩やかであっても影響が出ると私は思います。

10 株式市場全般への影響

●ポケモンＧＯが株式市場にもたらした衝撃

ポケモンＧＯは強烈なインパクトをもって株式市場に迎えられました。何よりも注目すべきなのは任天堂の例を見ない売買金額です。

７月の中旬ごろはずっと任天堂が個別銘柄で出来高トップを続けました。株価が３万円もする銘柄の出来高が２６００万株出来て、７月20日には売買金額で７３２３億円となりました。東証１部の個別銘柄としては、７０００億円を超えたのは初めてのケースで、過去最高記録です。それまでの最高が２０１３年５月の東京電力（現・東京電力ＨＤ）の４４５６億円なので、一気に２５００億円以上の記録更新ということになります。しかも東京電力の当時は、市場に特別目立った材料がない中で個人投資家の回転売買が膨らんだことがその背景としてありましたから、そこにも明確な違いがあります。

東証１部の１日の売買代金は２～３兆円で、２兆円以下だと少なめ、３兆円を超えるとよく出来たというのが一般的な感覚です。そこに任天堂だけで７０００億円というのはとてつもなく大きい。全体の売買代金は３兆１１３０億円で、任天堂だけで約15％を占めたことになります。その分母も任天堂の出来高が膨らんだ分増えているわけですから、そう考えればとてつもない比率です。また、その他にもポケモン関連株は動いているので、目に見えるものや目に見えないものも併せると、全体の出来高の30％くらいはポケモン関連で動いたと言えるのではないでしょうか。本当に記録的な事実だと思います。今年の7月の中旬くらいからは、市場はポケモンＧＯに席巻されたといっても過言ではないでしょう。

そこには好影響が当然あったわけですが、逆に言えば他の銘柄がポケモンＧＯのせいで売られてしまったということでもあります。新興市場でマザーズ指数が暴落していきました。日経平均は多少下がっていますがそれほど影響は受けていません。個人投資家の比率の高いマザーズだけが大きく崩れたのは、ポケモン関連株の売買によって投機資金が取られてしまい、新興市場にお金が回って来なかったからです。

ただ今回、ポケモンＧＯが株式市場に示してくれたのは、本当に投機的なお金が集中すると、極端な出来高・売買高ができるということです。３兆円のうちの７０００億円というのはどう考えても強烈です。

任天堂株が急騰したために、東証１部で売買代金の上位10銘柄が全体に占める売買代金シェアは26．１％まで上昇しました。過去、売買代金シェアが上昇する局面では、市場全体が力強く上昇する傾向があります。１９９９年のＩＴ関連銘柄、２００３年の金融不安後退後の銀行株、２００５年には新興国銘柄が、２０１３年には資産インフラ関連銘柄に

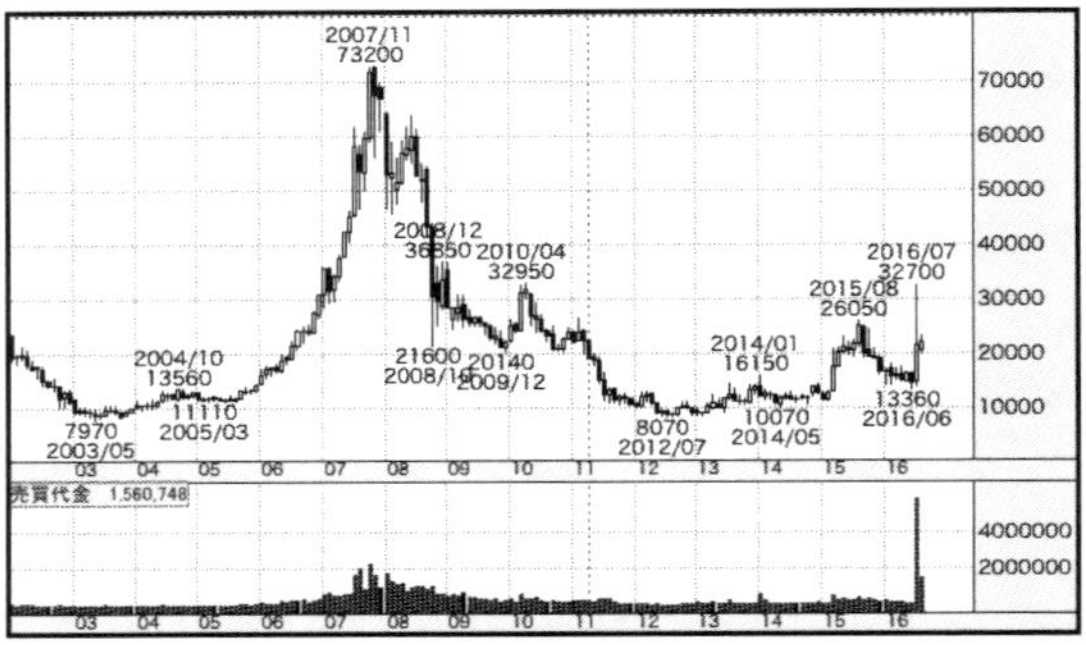

［任天堂の株価と売買代金］

売買代金が集中し、ＴＯＰＩＸが上昇しました。こういった局面では、市場の牽引役が明確になって市場全体に好影響を与えたり、株式市場の先高期待が高まって、好材料を持つ企業に投資が集まる傾向にあり、いずれにしてもマーケットには好影響です。

それまでは市場関係者の誰もそんなに任天堂の株が出来るとは思わなかった。まさかそんなに売買が行われるとは思っていませんでした。ところが、そんな常識を実際に打ち破ってしまったわけです。というぐらい、日本の株式市場へ影響を与えました。

●ポケモンＧＯが消費を底上げする

では今後、ポケモンＧＯが市場に与える影響はどのようなものになるのかと考えた場合、全体的に好影響が出ると思います。やはり大きいのは、ポケモンＧＯは人を歩かせるものだからです。人を歩かせることによって、世界経済を救うじゃないですけれど、消費は著しく喚起されるはずです。飲み物は飲むし、食べ物は食べるし、当たり前ですが基本的に人間は動けば何らかのモノを消費します。一番消費しないのは、家でスマホを持たれてじっと何もしないことです。そう考えれば、ポケモンGOが流行ったことで日本の消費が喚起され、日本経済、ひいては、世界中でプレイされているので世界経済が少なからず良くなることでしょう。ボトムアップして支えられる。

そしてそれによって株式市場は好影響を基本的に受けると思います。それは、消費が活発化してモノが売れるからです。

●任天堂で続く好材料

中には「単なる一時的なテーマ相場」だと言って、底堅さに否定的な見解を持つむきがあるかもしれません。しかし、任天堂の株価上昇の背景には、GPSやARの商品化という技術的な期待や、キャラクタービジネスの可能性の期待があり、ともに実現可能なものです。任天堂自体にしても、今後はポケモンGOプラス、新たなスマホゲームのリリース、次世代ゲーム機「NX」の発売と、ポケモンGOと連動させながら成長に結び付けることが可能な材料が連続して揃っています。

あとは任天堂がさらに新値を取った時には、また1段階出来高が増えるかもしれません。そうなった場合、株価は爆発的に駆け上がるかもしれません。任天堂とポケモンGO関連の銘柄は夢を追っているので、大きくブレる銘柄です。だから非常にボラティリティーが高い。夢は膨らんだりしぼんだりするので、そういう意味では値動きが激しい相場が続いて、儲けるチャンスもあれば、損をするリスクもある相場になることでしょう。

いずれにせよ、トータルで考えたらプラスでしかなく、市場全体としては全体として上がるはずのものです。マイナス材料を探すとすれば、競合他社への影響で、いわゆる「時間つぶし」系のゲームを出している他のスマホゲーム会社が奮わなくなるかもしれません。皆がポケモンGOに集中し、ネット滞在時間が食われるという意味では、SNSサービス会社にも今後じわじわと悪影響が及ぶこともあるかもしれません。しかし、ただ単にシェアが奪われるとのみ考えるのは早計とも言えます。株式市場では日本のスマホゲーム市場が成熟し切ってしまったのではという懸念が以前からありました。しかし今回ポケモンGOがもたらしたのは、新しいゲームの可能性であって、ゲームそのものが否定されるような何かではありませんでした。むしろ日本のゲーム産業の開発力と競争力を考えた場合、市場を活性化、イノベーションへと促す良い契機と捉える柔軟性も必要かと思われます。

また、今回のポケモンGOブームが知らしめたところの位置情報サービスのマーケットの可能性も今後、大いに期待されるところです。「これだけ大きなことができるんだ。今まで人を集めようとした場合、大きなイベントやお祭りをするなどしかなかった。しかし実は、ポケモンを放てばいいだけなんだ」ということに気付いたわけです。ということは、配るものはリアルなものではなくてデジタル的なものでも良い。そこでは生産コストはかからないし、在庫も要りません。

●各業界に及ぶ波及効果

ポケモンGOの成功によって、技術的な側面ではLBSやARの利用価値が新たに見直されることになるでしょうが、そこでは当たり前の話ですが、スマホでポケモンGOあるいは今後出てくるかもしれない同種のアプリを使えるハードの環境がなければいけません。ところがポケモンGOをプレイして分かるのは、ハイエンドなスマホの機種でも短時間で電池が切れてしまうという問題です。また中位機種以下では、位置情報や移動速度を計測するジャイロと加速度センサがともに搭載されているのは珍しくなります。こういった問題を解消するための電池ソリューションがスマートフォン業界では模索されることになるでしょうし、スマホのハイエンド、ミドルエンド化が進むでしょう。そこでは、開発投資に資金が投下されるでしょうし、電子部品・デバイスの分野で新しい技術革新の芽が生まれる可能性も十分あるでしょう。

ポケモンGOは人を動かしただけでなく、株式市場も動かしました。この動かすということが重要です。人が動けば消費が上向き、日本経済のみならず世界経済を下支えします。株価も動けば、マーケットへの期待が膨らみ、好材料を持った企業の株価を引き上げ、イノベーションももたらします。まだまだポケモンGOには成長の余地がたくさん残されています。今後もマーケットに好材料をもたらすのは間違いないでしょう。

『ポケモン GO』関連銘柄一覧

コード	会社名	ポケモンGOとの関連性
●ポケモンGOに関連しそうな銘柄		
2593	伊藤園	「Ingress」でコラボした実績あり
2702	日本マクドナルド	ポケモンGOとコラボ
3668	コロプラ	位置ゲームソフトのプラットフォームあり
3843	フリービット	ポケモンGOの通信料を1年間無料
3668	カヤック	ポケモンGOの攻略サイトを運営
3904	モバイルファクトリー	位置ゲーム開発を行っている
3912	フジ・メディアHD	Nianthicに出資している。「Ingress」でコラボした実績あり
4676	AppBank	ポケモンGOの攻略サイトを運営
6177	任天堂	株式会社ポケモンは持分法適用会社（32%の株式を保有）。Nianticに出資。ポケモンGOプラスを製造・販売
7974	東日本旅客鉄道	ポケモンスタンプラリーを毎年実施
9020	西日本旅客鉄道	ポケモンスタンプラリーを毎年実施
9021	全日本空輸	過去にポケモンジェットでポケモンとコラボした実績あり
9202	東宝	ポケモンGOとのコラボを発表
●ポケモンのＩＰに関連する銘柄		
2215	第一屋製パン	ポケモンパンを製造
6879	イマジカロボ	ポケモンアニメ映画を製作するOLM社を子会社に持つ
7022	サノヤスHD	大阪エキスポランドでポケモンEXPOジムを運営
7552	ハピネット	玩具・ゲーム卸
7832	バンダイナムコHD	「ポッ拳」「ポケットモンスターバトルナイン」などのアミューズメントマシンを展開
7844	マーベラス	ポケモンの玩具化・グローバル販売ライセンス保有
7867	タカラトミー	ポケモンの玩具化・グローバル販売ライセンス保有
9413	テレビ東京HD	ポケモンアニメを放映
●任天堂に関連する銘柄		
2432	DeNA	任天堂とスマートフォンゲームで提携
3930	はてな	任天堂のSNS「Miiverse」の開発協力
6767	ミツミ電機	ニンテンドー3DSの部品供給
6804	ホシデン	任天堂ゲーム機の組み立て
6875	メガチップス	LSIを任天堂に供給
7915	日本写真印刷	ニンテンドー3DSのタッチパネル供給
8369	京都銀行	任天堂の取引銀行で大株主（4.2%を保有）

コラム

上場企業社長が語るポケモンGO ④
アイリッジ　小田健太郎社長

集客・販促でネット・実店舗の「O2O」施策支援。
スマホ位置情報連携サービスを展開。

弊社ではスマホの位置情報のミドルウェアの「popinfo」を提供しています。このミドルウェアの売り上げが25％、コンサルティング、アプリ制作などが75％の売上高となっています。

既に「popinfo」が入ったアプリのダウンロード数は4500万となり、重複を考慮しても2500万台（国内のスマホの約半分）のスマホのGPS情報を取得している計算になります。

◇

私もポケモンGOはプレイしていて、現在レベル20です。弊社のIR担当がレベル19で、全社的にもかなりの社員がポケモンGOを楽しんでいるようです。

ポケモンGOでは、マクド（私は関西出身なのでこう呼んでいますが）との連携などが話題になっていますが、広く一般の方が位置情報を活用したO2Oマーケティングを意識するようになったということが、今後の弊社の展開に大きな好影響をもたらすものと考えています。既にいくつかのクライアントから位置情報を使ったマーケティング施策についての相談が来ています。

◇

弊社が位置情報ゲーム自体を作るといったことはないとは思いますが、位置情報ゲームが流行することで、位置情報を使ったマーケティング施策を行ったり、O2Oのニーズが高まることで、コンサルティングを行ったり、実際にスマホアプリなどの開発もできるので、今回のポケモンGOのヒットは大きなチャンスとなったのは確実です。

第7章

ポケモンGOから学ぶ、個人投資家の心得

1 ポケモン相場と投資の心得

ポケモンＧＯブームで株式市場では任天堂の株価が驚異的な出来高を示し、衝撃を持って迎えられました。そして、関連銘柄として任天堂の株価と連動するような値動きを示した銘柄、あるいはブームを後追いするかのように上がった銘柄、逆にブームが逆風になって下げてしまった銘柄などを、ポケモンＧＯが株式市場に与えた影響の例として紹介しました。

つまりそこではさまざまな値動きをした銘柄があったわけです。ここではそれらの銘柄を参考にしつつ、一連の関連銘柄の株価の動き方を参考に、個人投資家が株式投資を行う際の鉄則というか、考え方の基本から技術、心得るべきことなどについて考えてみたいと思います。

●半歩先読み術

まず重要なことは、今後ポケモンＧＯが流行りますというニュースが入って相場に向かう際に、そこから先のことをどう推測するかです。

一番最初に思いつくのはポケモンに直接関係している会社、つまりここでは任天堂ですね。任天堂株が上がって、その上がった時に、次をどう考えるかです。そこで思いつくのはやはり、任天堂と直接取り引きのある会社、任天堂への売上高比率の高い会社です。従来から任天堂のハードウェアをOEMとして手掛けているのはミツミ、ホシデン、台湾Ｈｏｎ Ｈａｉの3社なので、ミツミとホシデンということになりますが、これらの会社はすぐに急騰してしまってなかなか手が出ません。

そこで個人投資家にとって重要なのが、半歩先を読むということです。先読みが簡単なのは、次にどういうスケジュールで来るかということを、既にある材料を積み重ねていくことで答えが得られる点です。

今回のケースで言えば、まず7月6日にアメリカなどでポケモンGOが配信されて話題となってから、では、「日本に来るのがいつか」と考えます。すると、任天堂が7月中にポケモンGOプラスを販売すると言っているので、「7月中のしかもGOプラスの発売以前だから中旬ごろ」という答えが得られます。結局は22日になったわけですが、ほぼ当たりです。

そして次のスケジュールとしては「GOプラスの発売」ですが、これは9月中に延期となったので、さらに次のスケジュールを考えます。

すると、ゲーム業界や任天堂の先々のスケジュールを調べれば、9月の15～18日にかけて東京ゲームショウが開催されることが分かります。とすれば、「ゲームショウの前にニュースが出てくるだろう」という推測が成り立ちます。

それから、「GOプラスの発売はいつになるのか」ということも考える必要がありますが、「これももう1回ニュースが出るだろう」と推測します。

そういった材料が出てきた辺りで任天堂の株価と関連銘柄は「もう1回盛り上がるに違いないだろう」と考えます。こういった流れは、おおよそのスケジュールを頭の中で組み立てながら、あとはニュースという材料を待つだけなので、半歩先を読むこと自体はそれほど難しいことではありません。

そして次にまた狙うのは、ポケモンの3DSのソフト「サンとムーン」が発売されるタイミングです。発売が近づけばまた、ソフトを買う人の行列ができているとか、売り切れ続出で入手困難といったニュースが出てくるでしょう。そうするとまたポケモン関連が盛り返してくるかもしれないからです。

●連想ゲーム

半歩先読みのスケジュールが組み立てられたところで必要なのが、そのスケジュールからどう連想ゲームを広げていくかということです。

そこで一つには、ポケモンと関係している会社を狙うことになります。それが先ほどポケモンGO関連銘柄として株価の動きを見てみたサノヤスやイマジカなどです。銘柄的には他にもいろいろ考えられますが、その中でも今後どの銘柄が狙い目だろうと考えた場合、結局は時価総額が小さくて、株の流動性も低い会社ということになります。こういった銘柄は株価が安くて買いやすい一方で上昇率が高いので、個人投資家にとっては狙い目となります。

また、ポケモンGOがアメリカでの勢い同様、日本で配信されてからも「ポケモンGO相場」はしばらく続くのは当然なわけですから、日本で配信が開始されて以後もさらに連想ゲームを広げて、「どうもケータイのバッテリーがすぐになくなってしまうようだ」ということが分かったら、モバイルバッテリー系の銘柄が化けるのではないかと推測します。この情報にしてみても、バッテリーがすぐに切れるというのはアメリカで配信されて以後すぐに分かっているはずのものですから、日本上陸前に半歩先読みすればできたはずのものではありますが。

いずれにしても、そうやって連想ゲームを広げます。さらに、どうも移動が必要なゲームらしいということが分かれば、タカラトミーのプラレールに目を付ける人がいるはずだとか、歩く人がたくさん増えるということは靴底がすり減るだろうから靴が売れるようになって、しかもポケモンだから子供靴でアキレスだ……といった具合です。

さらに、位置情報ゲームというものらしいということが分かれば、日本国内で同じ位置情報ゲームをリリースしているモバイルファクトリーという会社だ。ＧＰＳ情報を使ったマーケティングで画期的なことが起こったらしいと聞けば、やはり同じ国内でＧＰＳ情報を活用しているというアイリッジという会社だ……と。

このモバイルファクトリーとアイリッジについては、次章の「ポケモンＧＯで買うべき銘柄はこれだ」で詳しく説明しますが、ともかくもそんな具合です。

ただそこはあくまで連想ゲームなので、自分が何を連想しているのか、マーケットがそう思ってくれるか、を客観的に考えることが重要です。

② 行き過ぎた銘柄の末路は

そうやって半歩先読みをしながら連想ゲームを巡らせた結果選んだ銘柄ですが、サノヤスもイマジカも行き着く先に行き過ぎた結果はどうなるかというと、急落します。結局は急落するんですが、急落してもみ合った後ゆっくり下がっていく、という形になります。

特に、両社共に時価総額が小さくて流動性が低いわけですから、上にも下にも行き過ぎる時は行きすぎるのです。そういった場合で一つ注目しておくべきは、信用取引の動向です。株価が上がっている一方で、業績につながる材料があるわけではないので、会社の収益にならないのは多くの投資家が分かっています。ですから腕に自信のある投資家は皆、急騰して天井近くかと思ったところで空売りをかけるものです。

ですから一つの投資法としては、サノヤスやイマジカでもそうなんですが、株価がぐっと上がったところで、信用取引で信用買いと信用売りを組み合わせてポジションを保有するのです。売りと買いの両方を出すんですね。もちろん同じ値段で出しているので、株価が上がっている間は買いは儲かって売りは損しているので損得はチャラです。そして、株価が下がり出して上昇相場が崩れた頃に買いだけを外すのです。その後は、売りだけになるので儲かるというわけです。これが一番賢いやり方かと思います。なぜ、崩れた時を見計らって空売りだけを仕掛けないかというと、そのような場合は信用売りができない可能性が高いからです。だから、両建から買いだけを外して、空売りのポジションにするのです。一つの手法として、こういうやり方があります。

以上のようなことを注意しながら銘柄選定を行ってください。そしてその際には、以下のようなことも心掛けて下さい。個人投資家の心得のようなものです。

●個人投資家が心がけるべき〝心得〟

一つは、私が投資家さんを相手によく言うことなのですが、誰も経験していないことはどうなるかなんて分からないわけですから、先行きが分かっていることから類推して考えましょう、ということです。

それから、連想ゲームは柔軟に考えるということ。頭を柔らかくして柔軟に考え、「この会社とあの会社が関係しないか」、「この会社が儲かったらあの会社も儲かるんじゃないか」と、風が吹けば桶屋が儲かるじゃないですが、固定観念を捨て去って連想すれば、次に儲かる銘柄がきっとあるはずです。

また、どんな連想ゲームもバカにしないということです。「こんなバカな話ないじゃん」、

「こんなので株価が上がるわけないじゃん」といった連想ゲームが、ネットなどを見ていると散見されます。普通に考えれば、「そんなことで会社の業績が上回るわけないじゃん」というわけです。確かにそれはその通りなのですが、収益が上がらなくとも株価が上がる時は上がります。サノヤス、タカラトミー、パシフィックネットがそのケースです。株価は会社のファンダメンタルを反映するものですが、マーケットで今ついている値段が正当な値段であって、マーケットでは結果が全てなのです。ただし、会社の業績を反映しない株価はおかしいというのは、それはそれで確かなことです。ですが、そういった乖離がいつ是正されるかはタイミングの問題であって、それを完璧に測るのは難しいことです。というよりも、後からでしか分からないのです。

あとは、できるだけ連想ゲームを次々としていって、先に上がりそうな株を買っておいてから上がるのを待つということでしょうか。仕掛けて上がるのを待つ。例えばモバイルバッテリー銘柄はそれが可能だった株です。配信スタート前から充分予測可能で、しかも、株価が動いたのは配信後で、実際にプレイしてみてやっと皆が気付くようになって動いたわけですから、仕込んでおくには何日も猶予があったわけです。事実、アメリカでは電池会社が暴騰していましたから。

以上のようなことが、今回のポケモンGOブームで動いた関連銘柄の値動きが個人投資家に教えてくれることです。逆に言えば株式投資とは、半歩先を読みながら連想ゲームを繰り返していけば、正解に行きつく可能性が高いものなのです。ですが、正解に行きつくような読みがどこから導きだされるかと言えば、それは過去の蓄積、株式投資での経験値です。投資家の経験値がモノをいうわけです。

しかしあまり難しく考える必要もありません。半歩先らしきものが読めたとして、そこから選ぶべき銘柄に関する知識が無かったとしても、「○○関連銘柄」でネットで調べてみればいいだけの話です。「電池が無くなるらしいからモバイルバッテリーが必要だということが分かった。でも、モバイルバッテリーの会社が分からない」というのであれば、「モバイルバッテリー＋銘柄」で検索してみればいいだけの話です。そしてそこから自分で調べながら銘柄を選んでも遅くはありません。例えばポケモンのキャラクターがついているような商品が売れるんじゃないかと思えば、ウィキペディアを見るだけでもヒントは書いてあるでしょうし、サノヤスの「ＥＸＰＯジム」にしたところで、普通の人は誰も知らなかったでしょうが、調べてみれば出てくるといった程度の話です。

以上のようなことが、このポケモン相場でも充分に学べるのではないでしょうか。

3 個人投資家こそポケモンGOをプレイしよう!

●ポケモンGOをプレイする人・しない人

少し個人的な感想になりますが、フェイスブックを見ていると私の周りでポケモンGOをプレイしている人達は忙しい人が多いという印象を持っています。経営者やファンドマネージャーなどです。これはなぜかと思いました。おそらくこういった人達ほど時代の感度に敏感なんじゃないでしょうか。

ポケモンGOは単なる流行りでなく社会現象にまでなりました。社会現象にまでなったのなら、どんなものなのか確かめてみたくなるものです。

それには自分で経験するのが一番です。自分でやってみて面白いか面白くないかは後で判断すればいい。そう考えた人達が実際にプレイしてみて、その感想をフェイスブックに綴ったということだと思います。

逆にやらない人はどうやら斜めから見ているようです。「どうせ流行りでしょ」とか「単なるゲームじゃないか」といった感じですね。プレイする前に既に否定的な答えを自分の中で見出してしまっているわけです。

●新しいものへの関心を持つことも重要

何事もそうですが、やはり「やってみる」ということは重要です。確かにしょうもないかもしれないですが、それだってやってみないことには分かりません。人によって合う合わないはあるし、ポケモンＧＯならポケモンＧＯで、ポケモンを知っているか知らないで違いはあるかもしれません。でもそれだったらまずはやるべきでしょうと思います。やってみれば、自分に合うか合わないか分かりますし、自分はポケモンのことを何も知らなかったんだということも分かります。

時代の流れの中には、明らかに時代を変えるものというものがしばしば登場します。例えば、ガラケーの時代にスマホが出て、いきなり飛びつく人と飛びつかない人がいますが、結局世の中はスマホの方に流れて今では誰もが使うようになりました。そうして出てきた製品なり商品、サービスなりの中には、時にエポックメーキングとなるようなものがあって、その製品・商品・サービスが一つの時代を動かす流れになることがあります。スマホがそうですし、スマホの中でもｉＰｈｏｎｅがそうです。そういうものが出た時にぱっと飛びつくかどうかは別として、最初から斜めから見てしまうのではなく、少なくとも関心は示しておきたいものです。

●投資に生きる発見も

これは投資においても重要なことです。

明らかに今回のポケモンGOは国民単位、世界単位でやり始めた非常にレアなゲームなので、スマホを持っているなら別にお金がかかるわけじゃないですから、とりあえずはやってみることが重要です。そうすると、なぜ任天堂株があれだけ記録的な出来高を示しながら上がったか分かりますし、ポケモンGO関連株が上がったかが分かります。また、ポケモンGO関連株が何になるかも分かります。ポケモンGOをプレイしていれば電池が無くなるのが分かりますし、歩くことが重要なゲームだから、人の喉が渇いてお腹が減り、消費が上向くであろうことが分かります。さらに、ポケストップの位置が重要だということが分かるので、マクドナルドが提携したことの意味が分かりますし、ポケストップを使ったO2Oビジネスでの可能性の広がりも分かります。

●銘柄選定のリテラシーを身につける

批判的な報道の中には、歩きスマホを助長する、事件・事故が起こる、行ってはいけないところに行くという批判がありましたが、世の中何でもプラスもあればマイナスもあります。しかしプレイしてみれば、確かに歩きスマホが増えるのも分かれば、原発敷地内は確かに問題ではありますが、人家の敷地内に入りたくなるのも分かります。しかし、意外に事件・事故は起こっていません。つまりはマスコミが言うほど危険でなく安全なものだということが分かります。ポケモンＧＯが社会に与えたものの大きさを知れると共に、報道の在り方を見直す契機にもなります。

報道の在り方を見直すことは株式投資においても重要です。どんな報道・発表が重要なのか、一方的な偏った情報でないかのリテラシーは銘柄を見極める上でも重要な能力です。

まずは参加して自分の意見を作ってみる。それが投資においても必要なことかもしれないし、時代の流れをつかんで仕事をしていく一つのきっかけになると私は思います。

第8章

ポケモンGOで買うべき銘柄はこれだ

●いったん落ち着いたかに見えるポケモンGOフィーバー

7月6日のアメリカでのポケモンGO配信スタートから急に株価が駆け上がり、ピーク時には東証1部の個別銘柄での出来高7000億円超えで歴代最高という〝衝撃〟を持って迎えられた証券市場のポケモンGOフィーバーですが、その後、8月になる頃には株価も落ち着き、2万2000円辺りで落ち着いています。

日本での配信スタート直後は、ポケストップが多く存在する都市部では、街を歩けば足を止めてケータイ片手にポケモンを捕まえている人をどこでも見かけるといった人気ぶりでしたが、1か月ほど時間が経てば、そういった光景はあまり見かけなくなりました。

しかし、株価にしてもポケモンGOのプレイヤーにしても、当初の衝撃があまりに強かっただけに、熱は過熱化してバブルのように根拠なく膨らんだ感はありましたが、ブームが去った後の凪のような静けさは、次の動きを虎視眈々と待ち構えているかのようです。

事実、マーケットにしてもプレイヤーにしても、次の動きをうかがっているのです。

●更なる大相場の可能性

ポケモンGO自体が今後まだまだ新しい機能の実装が期待されるパイロット版的要素を持つものです。ポケモンの交換とプレイヤー間でのコミュニケーション、現在の151体から本来いるはずの７００体以上のポケモンのリリースなど、ユーザーは皆、そのバージョンアップを待ち構えています。

さまざまな期待要素が渦巻く中、今後、さらなるポケモン相場が来ると私は見ています。当初の衝撃を超える大相場もあるのではないかと考えています。

いずれにせよ、ポケモンＧＯがもたらした相場への影響はしばらくは止むことはないでしょう。

① 任天堂（7974）

さて、当の任天堂が今後どうなるかですが、9月中にポケモンGOプラスが発売されたことでどう株価が推移するかが一つ重要です。また、同じ9月15～18日に開催される東京ゲームショウがらみで何らかの発表がなされているでしょう。それから、年末に売られるポケモンの3DSソフト、「サンとムーン」とポケモンGOとの連携がいつ発表されて、どんな中身のものなのか。この辺りの流れの中で、何か一つがきっかけとなって再び株価は上がるのではないかと思います。

任天堂に関してはその他にも、スマホ向けゲームソフトの「どうぶつの森」と「ファイアーエムブレム」が秋にもリリースされるので、これもさまざまなニュースが徐々に出てくるでしょうが、期待感が徐々に高まると思います。

さらに、来年発売予定の新型ゲーム機「NX」の内容がそろそろ出始める頃かと思われます。これへの期待も高まるでしょう。

この「NX」に関しては、実際は据置型ゲーム機でありながら、携帯型ゲームを取り外して持ち歩くことができるようになっています。そしてこの携帯型ゲームはアンドロイドOSを搭載したものなので、実質的にはスマホのようなものです。通話のできないタブレ

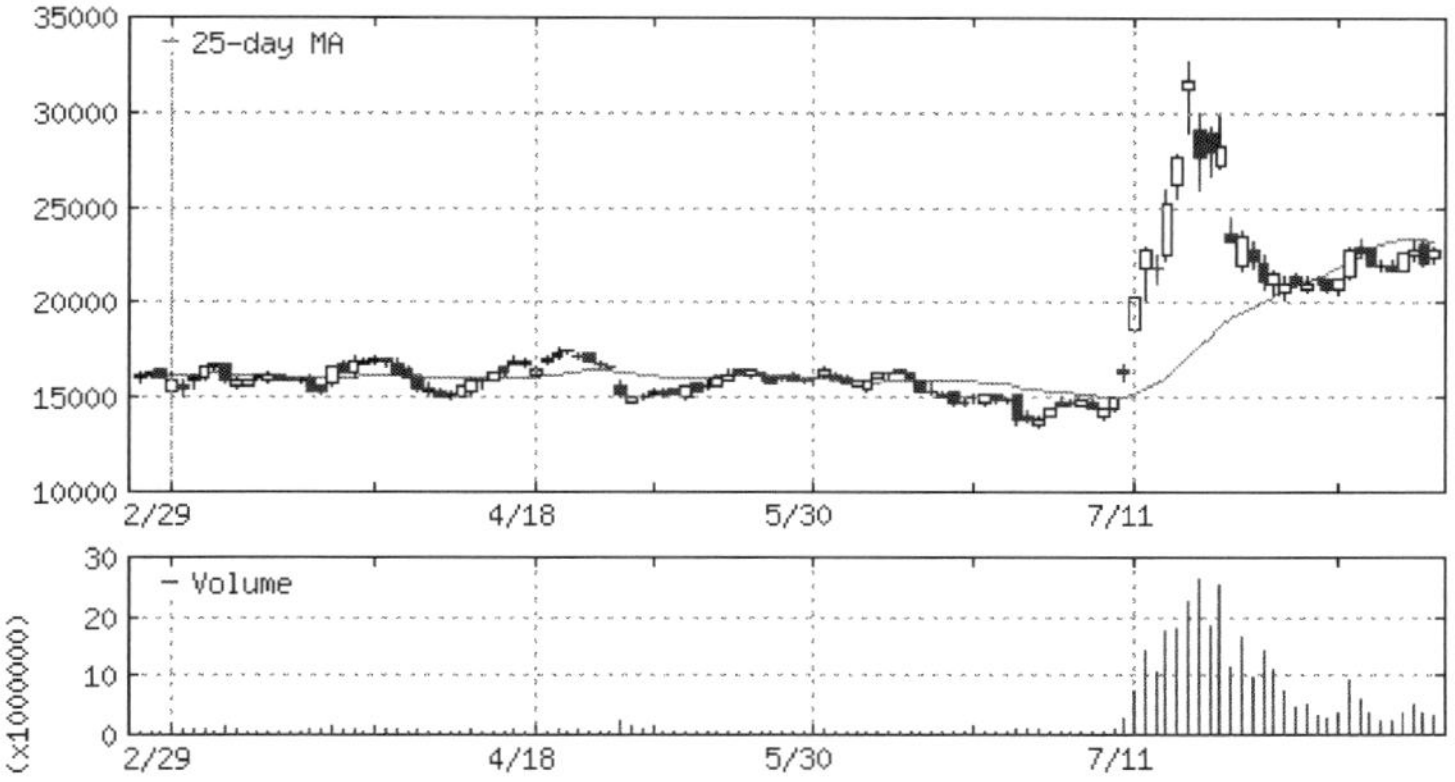

［任天堂（7974）］

ットのようなものですね。そういった機能を持つものですから、おそらくこのゲーム機でポケモンGOをプレイすることが可能なのだと思います。しかも、よりプレイしやすくなるのではないか。そこでの連携も期待されます。

さらには、単にプレイできるというだけでなく、中身的なものでポケモンGOとどんな連携を「NX」と図ってくるのかです。おそらくは「NX」でのポケモンのソフトが発売されるような形での連携が図られるのではないでしょうか。それによって「NX」そのものが売れる可能性があります。

そういった将来的な好材料が整っているので、任天堂という会社に関しては、ポケモンGOが大ヒットしてくれたおかげで、いろいろな意味で好影響をもたらすのではないかと考えています。

それは既存事業に好影響を及ぼすとともに、任天堂が得意としているところの玩具やキャラクター商品の発売などにも及ぶでしょう。例えば、フィギュアなどにＮＦＣチップを埋め込んだものを発売することで、スマホにフィギュアを押し当てることで、スマホ上にキャラクターが現れるようなポケモンＧＯの世界に入っていけるような商品が今後出てくるのではないでしょうか。そういったことを考えると、やはりポケモンＧＯのヒットは任天堂にとって大きなプラスとして働くと思います。

さらに、ポケモンＧＯプラスのウェアラブル端末としての展開も注目されます。時間をかけながらも数千万台以上は売れていくと思われるので、ゲームはもちろん、ゲーム以外の他のアプリとの連携も現れるのではないでしょうか。

任天堂の過去の業績で見ると、過去最高純利益は２００９年３月期の２７９０億円です。ところが、四季報予想では直近の予想は４００億円に満たない程度になっています。ところが、この予想にはポケモンＧＯは入っていないはずです。しかし、今見てきたような新商品や既存事業との連携が上手く図れれば、今後過去最高益に近いような形になることも可能ですし、そこまでは行かないにせよ、株価としては強いのではないかと思います。というのも、過去最高益をはじき出した当時は、Ｗｉｉ とＤＳが数多く売れた時でハードでの売り上げが多かったわけですが、今回話題となっているのはハードではありません。パテントであったり、ゲームの使用料であったりです。ということは、ハードのようにすぐに売れなくなるということはありません。Ｗｉｉや３ＤＳのようなハードであれば、ある程度普及してしまえばそこで終わりです。ところが、ソフトに関してはそういうことはないので、すぐ売り上げが落ちるということはありません。と考えると、過去最高益にならないにしても、より安定的な収入を得られることになるので、株価としては底堅い動きを示すと思います。

さらにポケモンは、ディズニーのミッキーマウスが永久不滅なように、ポケモンというキャラクター自体が不滅です。ポケモンＧＯのヒットで、ポケモンというキャラクターのＩＰはさらに強みを増しました。このＩＰの活用は、ポケモンＧＯでは位置情報ゲームでの活用でしたが、今後はさらなる活用が見出されていくでしょう。

任天堂の株主を見ると、外国人の保有比率が50％を超えています。ですから、任天堂株自体は外国人が株価を上げると思います。しかし、１回は利食いをこなしながらなので、一方通行では上がりにくいと思います。３万２０００円近くまで上がった時は短いタームで上がっていますから、いずれもっと上がって来るでしょう。ただ、ＮＸの発売は２０１７年３月の予定ですが、今まで予定通り発売されたことがないので、おそらく延期されるでしょう。２０１７年の秋口辺りになるのではないでしょうか。しかし、３ＤＳソフトの「サンとムーン」は売れるでしょう。それと共にポケモンＧＯプラスやポケモンのキャラクター商品が、全世界的に売れるでしょう。そこで大きく話が変わってくると思います。

あとは、任天堂の他のＩＰにも良い影響を及ぼすでしょう。任天堂のソフトで一番売れているのがスーパーマリオで2位がポケモンなので、スーパーマリオのＩＰの価値がさらに高まるでしょう。マリオに関しても例えばマリオカートで、ＡＲ、ＶＲの技術がさらに高まればヘッドマウントディスプレイを付けてもっとリアリティーのあるゲーム世界が実現するでしょうし、そこに出てくるキャラクターの価値がさらに高まるといったことが考えられます。任天堂にはマリオがあり、ゼルダの伝説がありと、同社が長年にわたって築き上げてきたキャラクターがたくさんあります。任天堂はキャラクターの利用はほぼ自社内で行ってきたので、ライセンスビジネスにはあまり積極的ではありませんでした。ところが、２０１５年にはＵＳＪとの提携してＵＳＪ内にアトラクションを作ると発表しました。こうしたキャラクタービジネスは今後も各地でも展開されていくでしょう。

2 Apple（米国株）

アップルに関しては、アンドロイドと覇を争い市場を分け合うアプリダウンロードのプラットフォームのアップストアから自然とお金が入るという意味で、ポケモンGOのようなスマホアプリが多数ダウンロードされればそれだけ会社の業績向上につながります。iPhoneの累積販売台数は今では数億台になっています。もちろんいずれもiOSを使っているので、非常に間口が広くなっています。他でも説明しましたが、自動的に3割控除分が収入として入って来るというプラットフォームビジネスは非常に強いです。いずれにしても大きなプラスになるでしょう。

今回のポケモンGO人気で、今後は位置情報を活用したアプリが流行るでしょうから、その分の収入増が見込めます。例えば、日本のスマホゲーム市場で言えば9000億円あって、それがそのまま存在し続ける一方で、さらに位置情報ゲームで3～4000億円くらいの市場が拡大すれば、そのうちの収入の3割が自然とアンドロイドかiOSに入ることになります。特に日本の場合はとりわけてiPhoneが多く普及しているので、相当額がアップルに入ることになります。

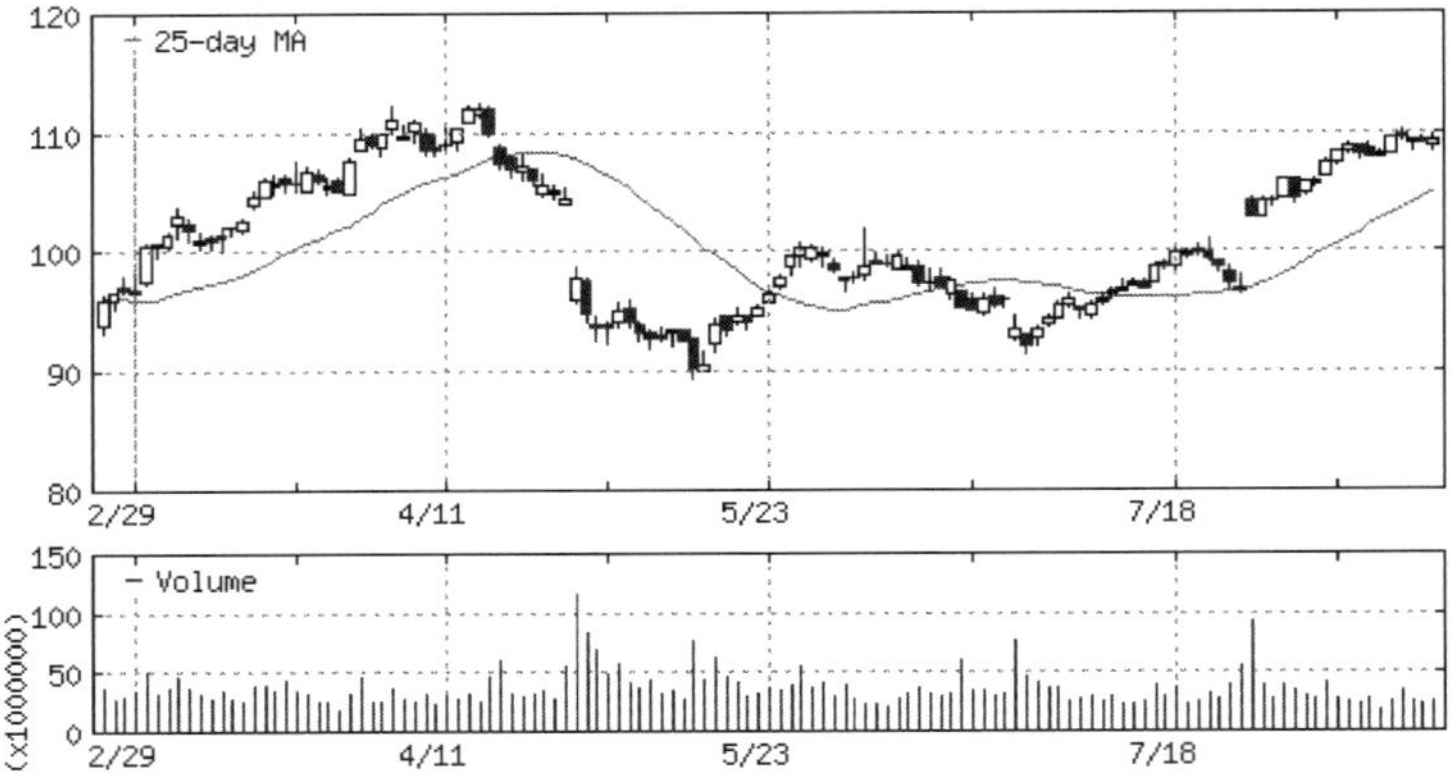

[Apple（米国株）]

一方、今までのアップルはｉＰｈｏｎｅの売り上げに圧倒的に依存して来ましたが、今後はコンテンツビジネスに少しずつ変わってくるでしょう。

すると、これまではどうしてもｉＰｈｏｎｅの売り上げの多寡に会社の業績そのものが依存していたところが、徐々に変動幅のある部分が少なくなって、ストック型の収益が増えていくことになります。それによって収益の安定化が見込まれるので、収益構造上、非常にプラスになります。

もう一つｉＰｈｏｎｅにとって追い風なのは、古いｉＰｈｏｎｅだと性能が悪いのでポケモンＧＯや位置情報ゲームはやりにくいということがあって、これが買い替え需要につながるということです。

ｉＰｈｏｎｅは安いアンドロイド端末に比べて高機能・高価格というのが売りなので、高機能なのがポケモンＧＯのプレイに向いているということが強調され、消費者にも志向されるようであればアップルにとっては大きなプラスになります。これは日本においてだけの話ではなく、世界中で言えることなので、ポケモンＧＯならグーグルと考えがちではありますが、意外なことにポケモンＧＯで買うべき銘柄はアップルなのではないかというのが一つの結論です。

③ Alphabet (Google 米国株)

アルファベットはグーグルの持ち株会社です。上場企業としては、アルファベットがグーグルの銘柄となります。

グーグルもアップルと事情は一緒です。グーグルプレイからアプリがダウンロードされる度に3割が抜かれてプラットフォーム側に入るというのは全く同じだからです。

一方でアップルと事情が違うのは、やはりグーグルの戦略の中でポケモンGOのGPS情報のビッグデータが手に入るということでしょう。ということがあるので、グーグルの持ち株会社で上場しているアルファベットが今後買うべき銘柄です。

さらに先の話をすれば、本書でも第5章の「隠されたグーグルの世界戦略」のところで説明しましたが、今後はグーグルが目指しているところの自動運転車の開発が進む可能性があります。自動運転の開発が進んで実現すれば、自動運転車用OSをアルファベットが製造することになるので、会社へ大きく寄与することになります。

自動運転車の開発以前に、今回のポケモンGOブームで莫大なGPS情報というビッグデータを手に入れられることもそもそもが非常に大きいです。そしてそれはもちろん、従来の広告ビジネスにつながるビッグデータとして活用されるでしょう。今後出す広告の質

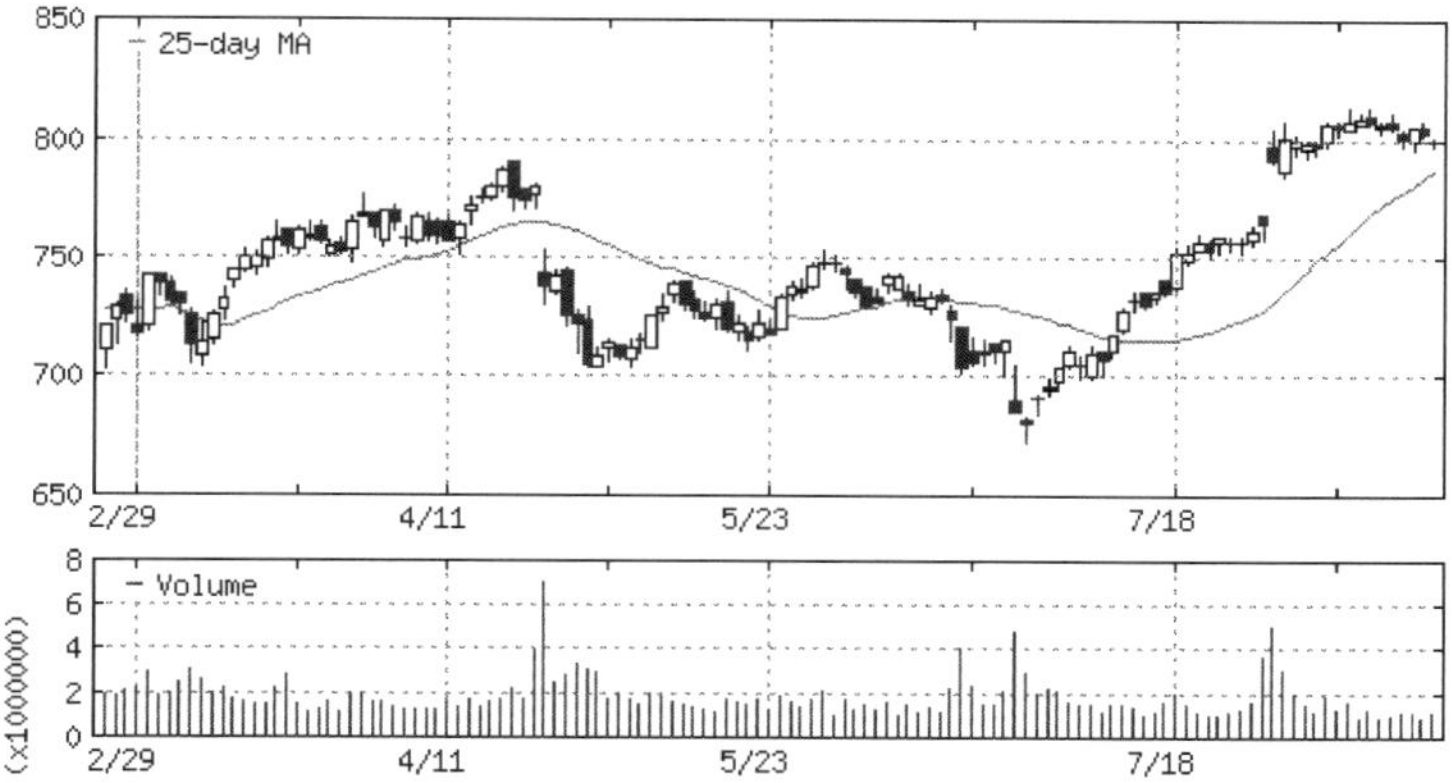

［Alphabet（Google　米国株）］

を変えることができるわけです。ビッグデータに基づいた、よりダイレクトな、よりその人に合った広告が出せるはずなので、広告のクリック数が増えてグーグルの儲けにつながるというわけです。

もう一つアップルの事情と大きく異なるのは、ナイアンティックの株を持っているのでリアルにポケモンGOの恩恵を受けるということです。グーグルのナイアンティックへの出資比率は不明ですが、ポケモンGOを通じた収入が増えれば増えるほど、任天堂でポケモンGOプラスが売れたら儲かるように、ナイアンティックの収入のうちの何割かはグーグルに入るため、出資比率に応じて儲かるはずです。いずれにせよ、アルファベットにとっては良いことづくめなのです。

❹ ハピネット（7552）

バンダイナムコ系列の玩具卸の会社です。玩具卸において圧倒的シェアを誇る最大手です。ゲーム、ＤＶＤソフトでもトップで、バンダイナムコ以外のどんなメーカーのものでも扱っています。

といったように、ありとあらゆるポケモン関連商品を扱うので、ＤＶＤが売れてもよし、フィギュアが売れてもよし、おもちゃでもよしと、ポケモン関連商品が売れれば売れるほどこの会社は儲かります。どんなメーカーがどんな製品・商品を開発しようと、結局はこの会社が卸すことが多いはずなので、結局はハピネットの売り上げが上がることになるのです。

株価的には他のポケモンＧＯ関連とまったく同様の値動きで、日本配信開始のタイミングで上げ、その後は高値圏でもみあっています。

一方、同じポケモン関連株の中でもこの株の良いところは、割高感がないところです。ＰＥＲは10倍弱でかなり低いです。配当利回りも２・77％あります。これらを含め、ポケモンＧＯ関連で株価を上げたにもかかわらず、極端な割高感がない、むしろ割安な株です。他のポケモン関連株ではＰＥＲが高く割高な株が多い中で、この会社は唯一と言って

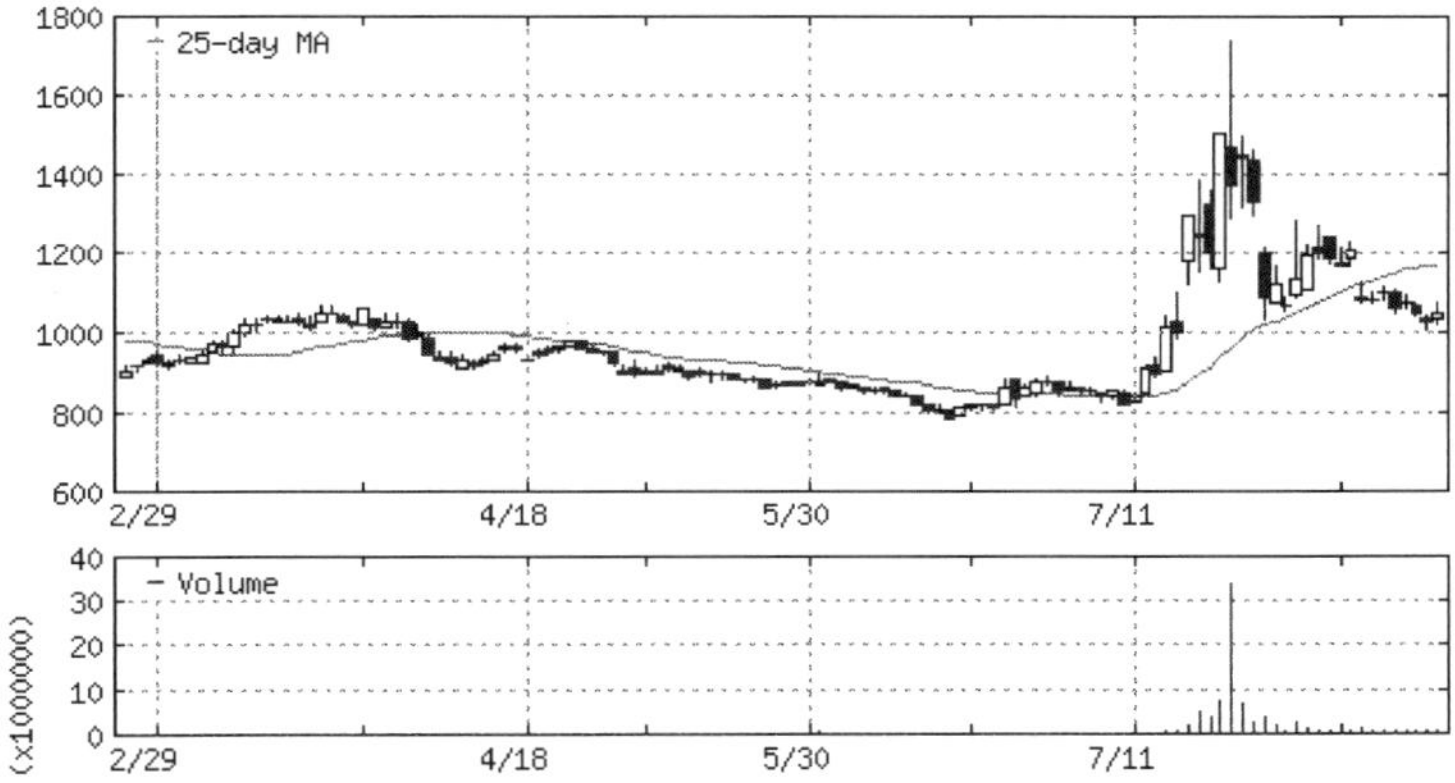

[ハピネット(7552)]

いいかもしれません。

ポケモンGOに限らずポケモン人気が上がっておもちゃが売れれば上がる株だと思います。従って、今から仕込んでおくには良い株と言えるでしょう。

今後の少子高齢化でおもちゃが売れるかどうか不安要素もありますが、その分子供にお金を出す比率も高まるので、そういったことを割り引いたとしても有望だと言えます。

5 ビジョン（9416）

会社としてはもともと光通信出身の人が作った会社です。ウェブマーケティング支援とＷｉＦｉルーターレンタルの２本柱です。売り上げ比率も48対52なので、ちょうど半分ずつです。

ウェブマーケティング支援の方は独自のビジネスで安定収益がありますが、逆に言うと急激な成長が期待しにくい事業です。そこで、今回注目するのはＷｉＦｉルーター事業の方です。

この事業ではグローバルＷｉＦｉというものを２通りやっていて、要は、日本人が海外に行く時に借りるＷｉＦｉルーターと、訪日外国人向けのＷｉＦｉルーターです。このレンタル事業をしています。訪日外国人向けのＷｉＦｉルーターの愛称が「ニンジャ」と言います。低額で追加料金もなく、容量も大きいので不便なく使えるので需要が増えています。

今の時代、旅行先でもやはりネットは使いたいわけです。スマホを見て行き先や入るお店を決めたりするんですね。固定ＷｉＦｉだと使えるところもありますが、どうしても場所が限定されてしまいます。そこで、この会社から借りるという人が増えているのです。

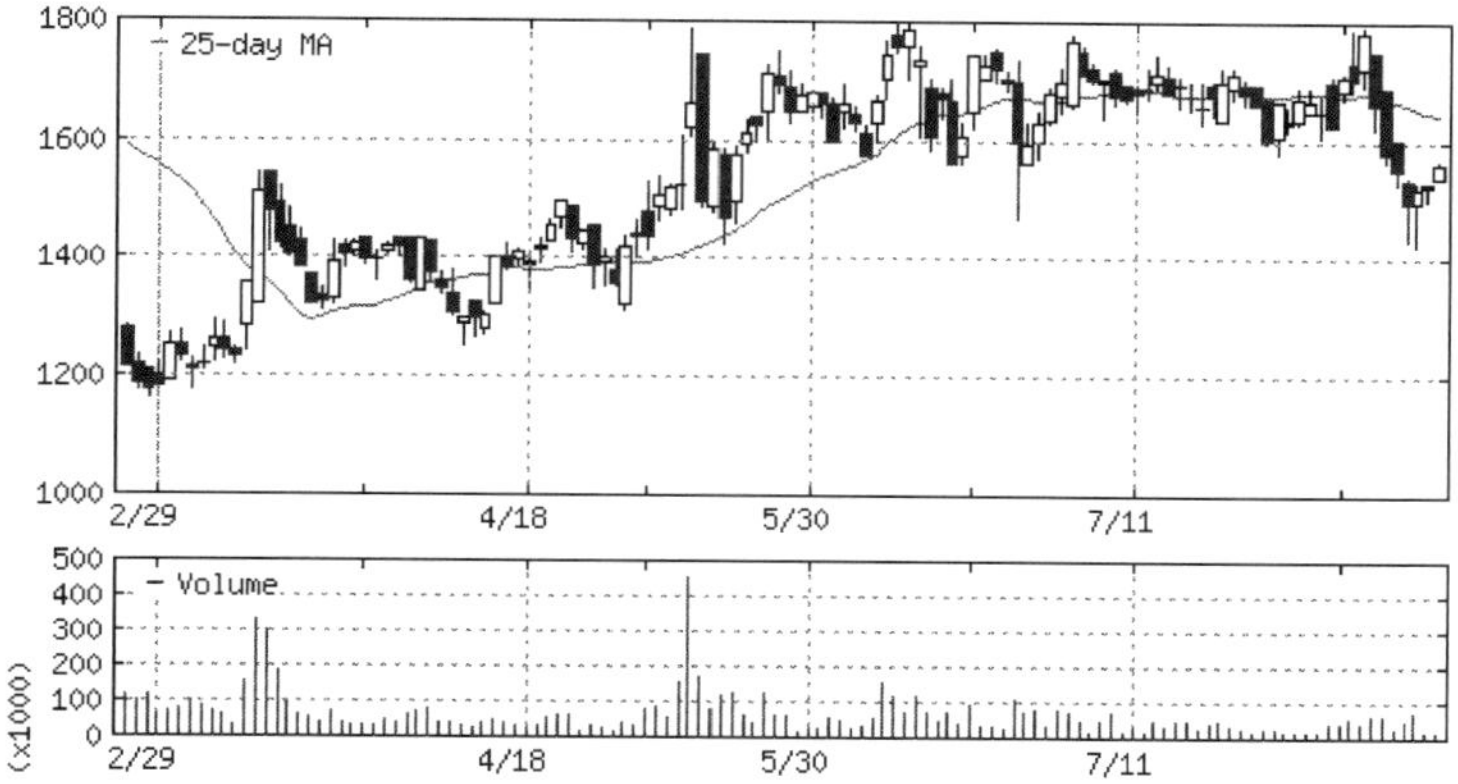

[ビジョン(9416)]

今までは外国に行く日本人の利用が多かったようですが、最近は訪日外国人の利用が増えているそうです。折からのインバウンドブームで、少なくとも東京オリンピックまではずっと増え続けるでしょうから、さらに利用が増えるのは間違いないでしょう。

そして外国人が日本に来れば当然、ポケモンGOをしたくなるでしょう。日本は有数のポケモンの巣ですし、日本でしか捕まえられないポケモンもいるので、少なからぬ訪日外国人はポケモンGOをプレイするのは確実です。ポケモンGOの影響が少ないとしても、インバウンド増に変わりはないので、今後は右肩上がりで収益を上げそうな会社です。ニッチですが、良いところに目を付けた会社だと思います。

6 マイネット（3928）

マイネットはスマホゲームの会社ですが、他のゲーム会社とは全く異なり、開発を事業の中心にはしていません。この会社では、他の事業者から買収や協業で取得したゲームを再活性化するゲーム再生と運営、また、ゲーム会社間での相互送客ネットワークというものを構築しています。

なぜこの会社が注目なのかと言えば、今回ポケモンＧＯが流行ったことで他の既存のゲームの中には苦しくなってくるものが出てくるだろうからです。そして、それを売却する会社が出てくるはずです。そうすると、マイネットのような再生事業の需要が増すことになり、同社にとっては追い風が吹くことになるのです。つまり、スマホゲーム事業で当たらなければ当たらないだけこの会社にとってはビジネスチャンスが増えるわけです。

また、ゲームの運営のみをこの会社に任せるということも増えてくると思います。ゲーム会社は基本的に、自前でゲームを開発し自前で運営を行っています。もちろん、自前でゲームを制作して運営まで上手くいくようならそれはそれに越したことはありませんが、開発能力はあっても運営能力に欠けるようであればこの会社に任せてしまった方が上手くいくだろう、というケースが増えてくるはずです。そういった他ではやっていないことを

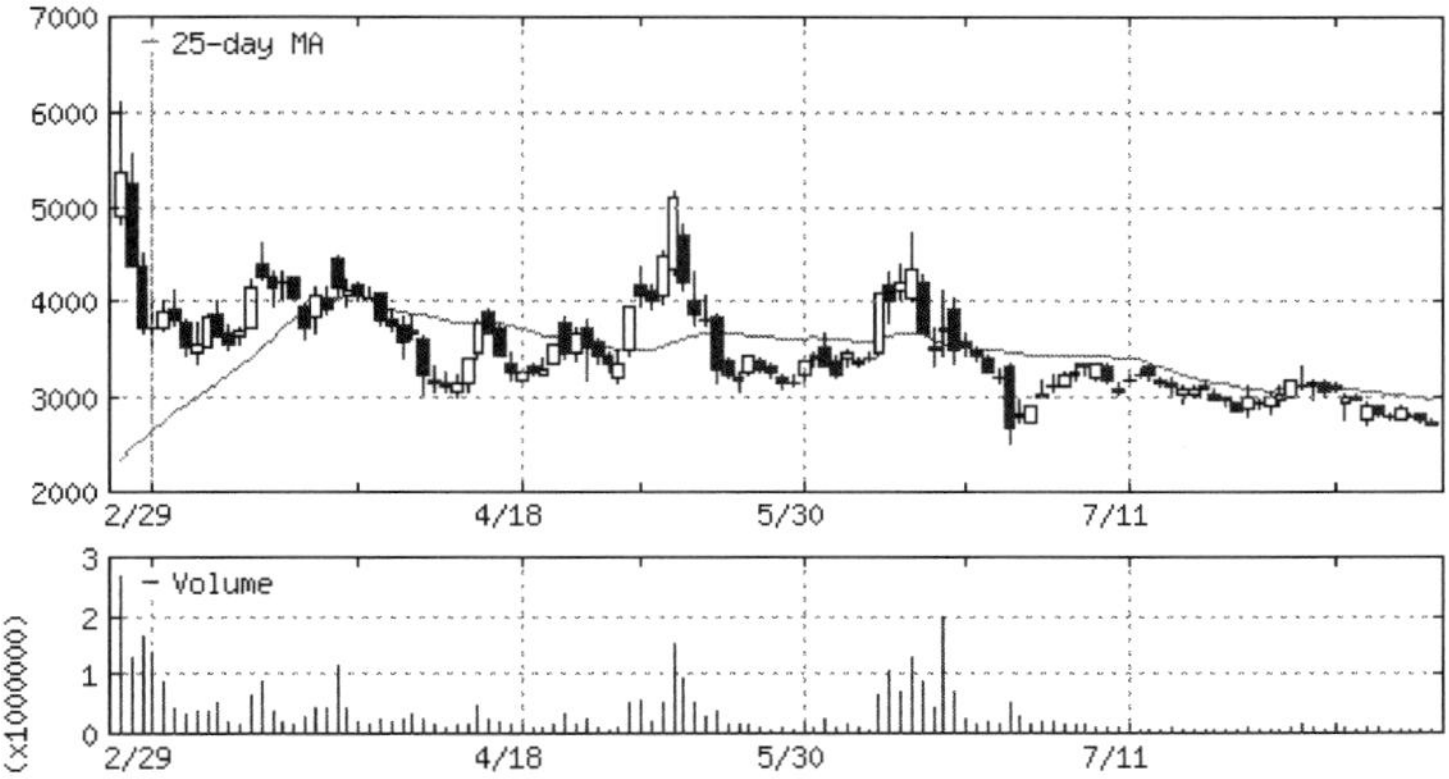

[マイネット(3928)]

やる特色ある会社なので、最近では最初から運営をこの会社に任せるというケースも出てきているようです。

ポケモンGOでゲーム業界は活性化するでしょう。しかしその活性化は、既存のゲームとは異なった位置情報ゲームへの投資が増えるから活性化するものです。ところが、ゲームを作れる人材は少なく、位置情報ゲームに人材が割かれるとなれば、既存のゲームの中には切り離しの対象になるものが増えてくるはずです。すると、この会社にとってはビジネスチャンスが増えるわけです。

7 アイリッジ（3917）

ポップインフォという企業向けにスマホの情報配信システムのミドルウェアを提供している会社です。企業が顧客向けに作ったアプリをダウンロードした人がその企業の店舗に近づくと、この会社のシステムを通じて、スマホ画面に広告がプッシュ通知で届くというO2Oマーケティングを展開しています。そして、これをやるためにGPS情報を取り続けています。

今回ポケモンGOフィーバーで、位置情報を使ったマーケティング、つまりO2Oマーケティングが有効だということが世の中のクライアントに認知されました。それだけでもかなりプラスですが、この会社のさらに良いところは、同社が行うマーケティングで実際どれだけの客が来たかが分かるということです。どんなにテレビCMを打ったり新聞広告を出してみたところで、実際にどれだけの客の獲得につながったかは分かりません。ところが、この会社のシステムだと分かるようになっているのです。

今後はスマホの位置情報を使ったマーケティングがもっと増える可能性があります。極端な話、今後、位置情報ゲームをやろうとする会社がこの会社に相談して、ミドルウェアを借りるということがあるかもしれません。位置情報を把握できるシステムはそう簡単に

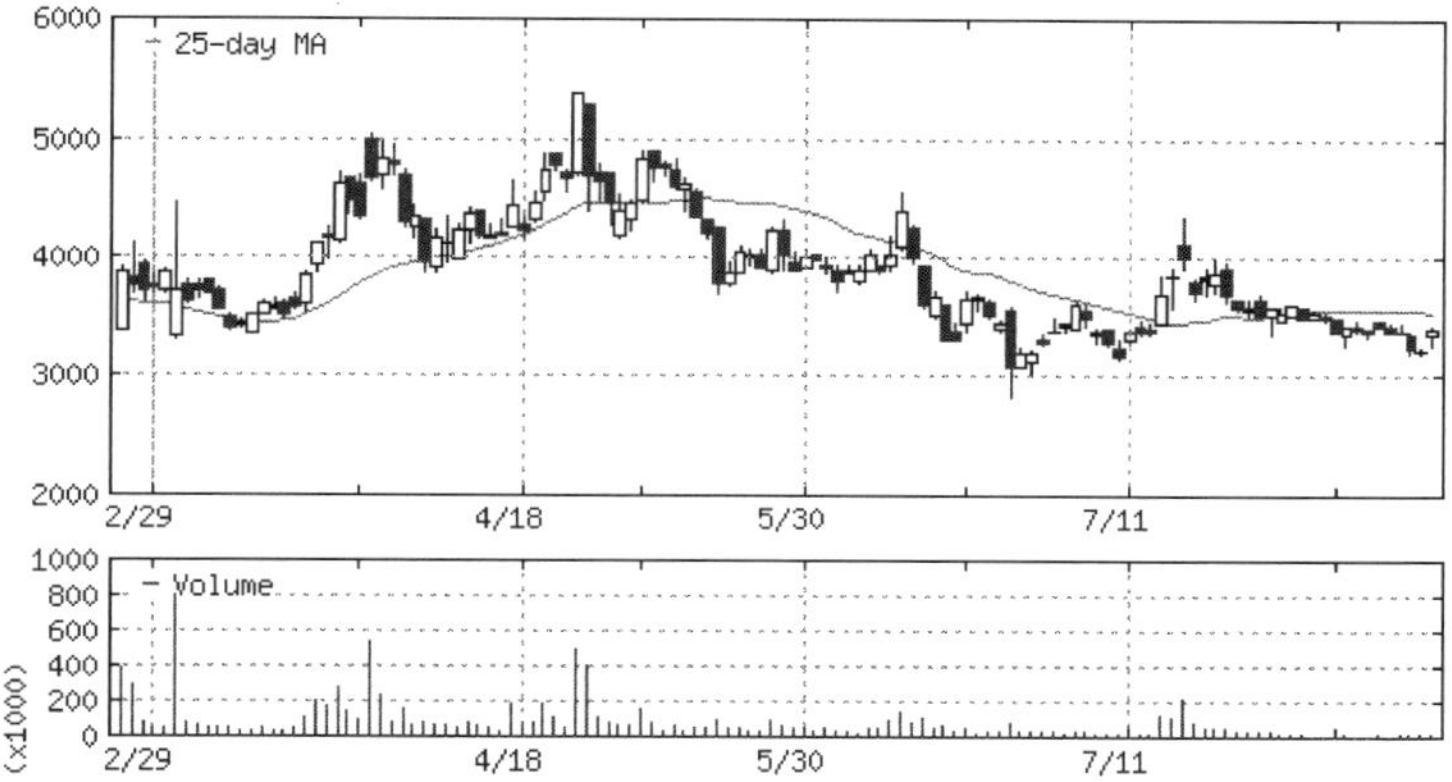

［アイリッジ（3917）］

作ることはできないからです。

　Ｏ２Ｏ関連ではこの会社が国内トップです。というより、ほかにめぼしいところは見当たりません。従って今後、Ｏ２Ｏマーケティングに関する企業からの相談は増えるだろうし、実際増え始めているようです。Ｏ２Ｏ施策のコンサルもやっているので、小売などリアルな店舗を持つ業種の間での利用が増えるのではないでしょうか。

　株価の値動きで言えば、アイリッジは7月19日に少し株価を上げましたが、それ以前の株価と比べれば大した値上がりではなく、ポケモンＧＯの成功で見直されて良い会社だとは気付かれていないようです。今後ゆっくりと来る会社かもしれません。

8 モバイルファクトリー（3912）

実際の鉄道の駅を巡りながらゲームを進行させる「ステーションメモリーズ！」（通称・駅メモ！）を展開するなど、ポケモンGOと同じ位置情報ゲームを主力に、スマートフォン向けゲームの開発、運営を手掛けている会社です。位置情報系ゲームを主力としている、国内唯一の会社です。そして、ポケモンGOのヒットは、同じカテゴリーのゲームを作るこの会社にとっては大きなチャンスとなるでしょう。

日本での基本的なスマホゲームの市場は約９０００億円の市場規模ですが、ポケモンGOのヒットにより、さらに数千億円分の位置情報ゲームの市場が加わる可能性があります。

プレイ人数に関しては、さすがにポケモンGOを超えるゲームは難しいでしょうが、たとえプレイ人数は数分の一でも、課金収益はポケモンGOを超えるゲームが出てきてもおかしくはありません。そういう意味で、位置情報ゲームの経験・ノウハウの蓄積が大きいモバイルファクトリーは、将来、第二のポケモンGOとも言えるスマホゲームに関わっている可能性は非常に高いでしょう。もしそうなれば収益は一変、株価も急に大化けなんてこともあるかもしれません。

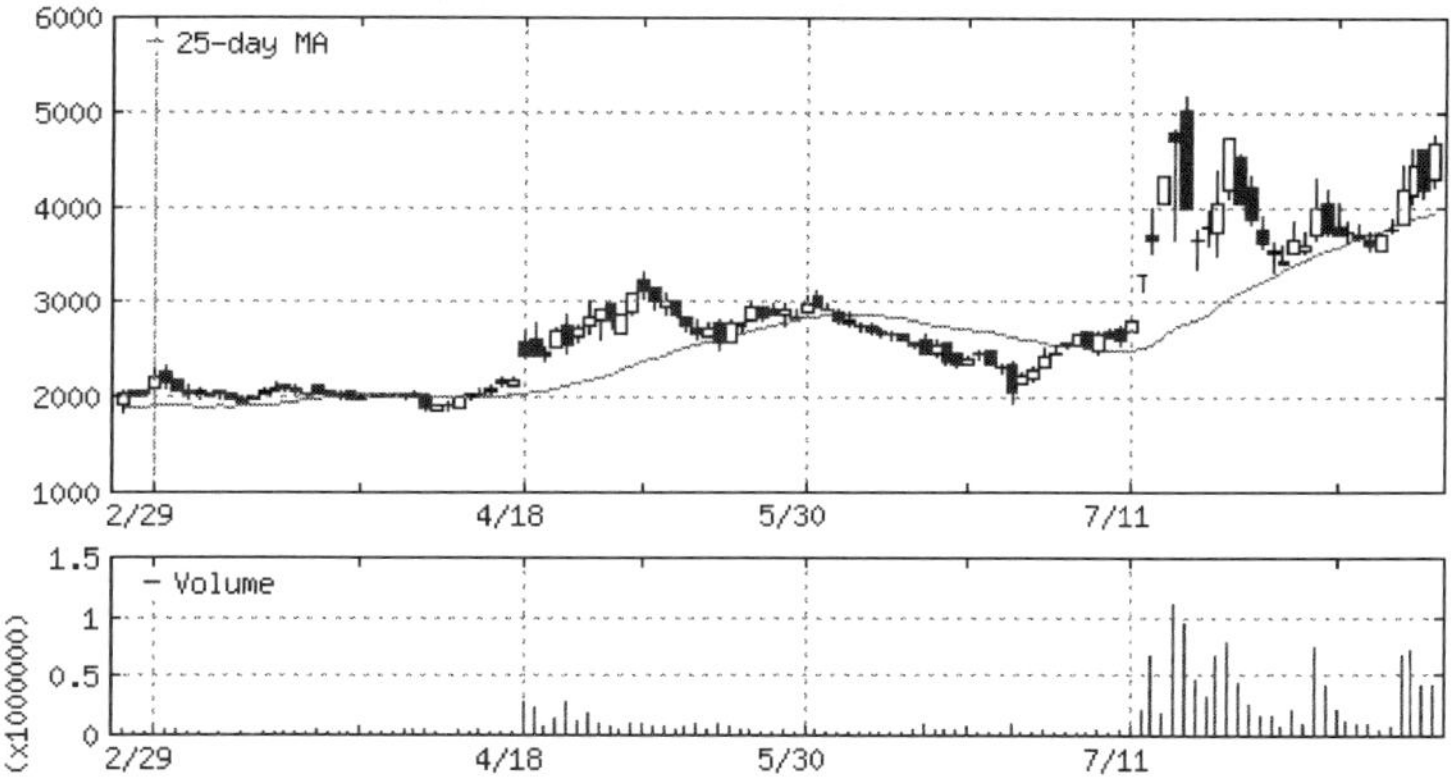

[モバイルファクトリー(3912)]

あとがき

まいど、相場の福の神こと藤本です。このあとがきをお読みいただいているということは、この書籍をお読みいただいたのでしょう。誠にありがとうございます。

社会的な現象となった「ポケモンGO」を正しく理解し、今後のビジネスに何らかのヒントが得られたり、個人投資家の投資判断の一助にこの書籍がなってくれれば幸いです。

またこの書籍の執筆以後も、「ポケモンGO」についてはさまざまな情報発信をしていくつもりです。その情報は私のフェイスブック、(https://www.facebook.com/nobuyuki.fujimoto.3) に掲載していきます。是非、友達申請していただき、新たな情報を得てください。また、友達申請を行う際に、この書籍を読んだことや、感想などをいただけると非常にうれしいです。

私個人のポケモンマスターへの道として、書籍執筆までにレベル20までもっていきたかったのですが、原稿を書き上げた段階でのレベルは18、ポケモン図鑑は69匹です。まだまだ先は長い道のりです。

最後に、今まで3人の子供たちによってポケモン関連に多額のお金を使わされてきましたが、何とか取り返したいと思う、非常に不純な動機で本書の執筆を企画しました。この書籍が発行されるのは、3人の子供たちのおかげです。

また、この本の制作にかかわった数多くの方々や、いきなり藤本の「『ポケモンGO』について話を聞かせてください」との依頼に、こころよく答えてくださった多くの上場企業の経営者の方々に感謝いたします。

最後に、「相場の福の神」としてこの言葉で、あとがきを締めくくります。

『ポケモンGOが世界経済を救う!』のすべての読者に、相場の福が授かりますように!!

ほな、さいなら!!

藤本誠之
（ふじもと・のぶゆき）
1965年生まれ。〝相場の福の神〟として有名なSBI証券アナリスト。Yahoo!ファイナンス株価予想2012年勝率1位、伝説の39連勝男。TV・ラジオ等の出演や、新聞・雑誌への寄稿も多い。

ポケモンGOが世界経済《せかいけいざい》を救《すく》う!

2016年 9 月22日発行
2016年10月 3 日第2刷

著　者　藤本誠之
発行人　佐久間憲一
発行所　株式会社牧野出版
〒135-0053
東京都江東区辰巳1-4-11　STビル辰巳別館5F
電話 03-6457-0801
ファックス（注文）03-3522-0802
http://www.makinopb.com

印刷・製本　中央精版印刷株式会社

内容に関するお問い合わせ、ご感想は下記のアドレスにお送りください。
dokusha@makinopb.com
乱丁・落丁本は、ご面倒ですが小社宛にお送りください。送料小社負担でお取り替えいたします。
 ISBN978-4-89500-208-0